U0634148

BLUE BOOK

智 库 成 果 出 版 与 传 播 平 台

就业蓝皮书

BLUE BOOK OF EMPLOYMENT

2024 年中国高职生

就业报告

CHINESE 3-YEAR VOCATIONAL COLLEGE GRADUATES'
EMPLOYMENT ANNUAL REPORT（2024）

主 编 / 麦可思研究院

社会科学文献出版社
SOCIAL SCIENCES ACADEMIC PRESS（CHINA）

图书在版编目(CIP)数据

2024年中国高职生就业报告 / 麦可思研究院主编；
王伯庆,王梦萍执行主编. -- 北京 : 社会科学文献出版
社, 2024.6
 (就业蓝皮书)
 ISBN 978-7-5228-3747-5

Ⅰ.①2… Ⅱ.①麦… ②王… ③王… Ⅲ.①高等职
业教育-毕业生-就业-研究报告-中国-2024 Ⅳ.
①G717.38

中国国家版本馆CIP数据核字（2024）第109880号

就业蓝皮书

2024年中国高职生就业报告

主　　编 / 麦可思研究院
执行主编 / 王伯庆　王梦萍

出 版 人 / 冀祥德
责任编辑 / 桂　芳
责任印制 / 王京美

出　　版 / 社会科学文献出版社·皮书分社（010）59367127
　　　　　　地址：北京市北三环中路甲29号院华龙大厦　邮编：100029
　　　　　　网址：www.ssap.com.cn
发　　行 / 社会科学文献出版社（010）59367028
印　　装 / 三河市东方印刷有限公司

规　　格 / 开 本：787mm×1092mm 1/16
　　　　　　印 张：13.25 字 数：202千字
版　　次 / 2024年6月第1版　2024年6月第1次印刷
书　　号 / ISBN 978-7-5228-3747-5
定　　价 / 128.00元

读者服务电话：4008918866

就业蓝皮书编委会

研 究 团 队　麦可思研究院

南方科技大学高等教育研究中心

主　　　编　麦可思研究院

执 行 主 编　王伯庆　王梦萍

撰 稿 人　曹　晨　王　丽　王昕伦　谌　超

摘　要

　　《2024 年中国高职生就业报告》综合分析了 2023 届高职毕业生的就业状况，揭示了在就业市场总量压力下，毕业生就业选择的多元化和灵活化趋势。报告基于应届毕业生和毕业中期的跟踪评价，深入探讨了高职生的毕业去向、就业结构、就业质量、职业发展、升本情况、灵活就业、能力达成、对学校的满意度等多个维度。

　　首先，报告显示，面对毕业生规模的新高和宏观经济增速的放缓，2023 届高职毕业生的就业选择趋向灵活化和多元化。灵活就业比例增至 9.2%，特别是基于互联网平台的新形态就业创业比例显著增长。毕业生就业重心进一步下沉至地级城市及以下地区，占比接近 70%，特别是在基层医疗和乡村治理领域。专升本比例趋于稳定，其中 20.7% 的毕业生选择继续深造，教育与体育大类、财经商贸大类、电子信息大类毕业生的专升本比例较高。

　　其次，报告深入分析了高职毕业生的就业质量与职业发展状况。2023 届高职毕业生的月收入水平呈现稳中有升的趋势，平均月收入达到 4683 元，超过城镇居民月均可支配收入。制造业产业链集群，尤其是装备制造、化工和能源领域，显示出薪资优势。铁道运输、电子信息和计算机类专业的毕业生在中期职场月收入排名靠前，而航空机械 / 电子类职业的初始月收入最高。民营企业 / 个体为毕业生提供了较大的薪资增长潜力，毕业三年后薪资涨幅接近 70%。

　　再次，报告聚焦于工程技术领域行业特色高职院校和高职学前教育专业两类主体，深入分析其人才培养与重点产业、社会民生重要领域发展需求的契合度。在工程技术类行业特色院校中，交通类、建筑类、铁路类院校需更加注重合理调整优化专业结构，以适应行业需求的变化。电子信息类、机电类、交通类院校的培养环节需更好地适应行业发展的新要求，特别是其开设的计算机类、电子信息类专业，课程设置与产业发展要求仍不匹配，教师教学、教材建设、产教融合方面也需有针对性地完善。

最后，报告指出，随着出生人口的持续下降，学前教育领域面临师资供大于求的挑战。学前教育专任教师中专科学历者占比58%，而近年来学前教育专业高职毕业生在该领域从教的比例下降了10.2个百分点。城乡之间、不同区域之间学前教育需求差异较大，乡村地区学前教育生师比偏高，资源配置需进一步均衡。学前教育人才培养需更好地实现规模优化与质量提升并重，不断完善课程内容与授课环节，注重将专业理论知识与学前教育教师的岗位任务相结合，以更好地促进学生岗位所需教育教学实践能力的提升。

关键词： 高职毕业生　就业趋势　灵活就业　行业院校　学前教育

目 录 ⟫

Ⅰ 总报告

B.1 2023 年高职毕业生就业发展趋势与成效 ┈┈┈┈┈┈┈ 001

Ⅱ 分报告

B.2 2023 年高职生毕业去向分析 ┈┈┈┈┈┈┈┈┈┈ 008

B.3 2023 年高职毕业生就业结构分析 ┈┈┈┈┈┈┈ 025

B.4 2023 年高职毕业生收入分析 ┈┈┈┈┈┈┈┈┈ 042

B.5 2023 年高职毕业生就业满意度分析 ┈┈┈┈┈┈ 071

B.6 2023 年高职毕业生职业发展分析 ┈┈┈┈┈┈┈ 087

B.7 2023 年高职毕业生专升本分析 ┈┈┈┈┈┈┈┈ 106

B.8 2023 年高职毕业生灵活就业分析 ┈┈┈┈┈┈┈ 112

B.9 2023 年高职毕业生能力分析 ┈┈┈┈┈┈┈┈┈ 119

B.10 2023 年高职毕业生对学校的满意度分析 ┈┈┈┈ 140

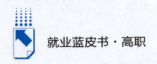
Ⅲ 专题报告

B.11　2023年行业类高职院校行业适应度分析 ⋯⋯⋯⋯⋯⋯⋯ 154

B.12　2023年生源下降背景下学前教育供给与人才培养分析⋯⋯ 165

附　录

技术报告 ⋯⋯⋯⋯⋯⋯⋯⋯⋯⋯⋯⋯⋯⋯⋯⋯⋯⋯⋯⋯⋯⋯⋯ 176

致　谢⋯⋯⋯⋯⋯⋯⋯⋯⋯⋯⋯⋯⋯⋯⋯⋯⋯⋯⋯⋯⋯⋯⋯⋯ 182

Abstract ⋯⋯⋯⋯⋯⋯⋯⋯⋯⋯⋯⋯⋯⋯⋯⋯⋯⋯⋯⋯⋯⋯⋯ 183

Contents ⋯⋯⋯⋯⋯⋯⋯⋯⋯⋯⋯⋯⋯⋯⋯⋯⋯⋯⋯⋯⋯⋯⋯ 186

皮书数据库阅读**使用指南**

总报告

B.1
2023年高职毕业生就业发展趋势与成效

摘　要： 面对就业市场的总量压力，2023届高职毕业生的就业趋势呈现多元化和灵活化。灵活就业比例增至9.2%，特别是基于互联网平台的新形态就业创业比例显著增长。毕业生就业更倾向于选择地级城市及以下地区，占比接近70%，特别是在基层医疗和乡村治理领域。随着装备制造产业链的优化升级，创新型数字技能人才需求上升，中小微民企对毕业生的吸纳能力增强，五年内就业比例提升了4个百分点。行业特色院校需加强产教融合，提高人才培养与新兴产业需求的匹配度，尤其是在电子信息大类专业。同时，学前教育领域因出生人口下降面临师资过剩问题，需调整培养规模并强化实践能力培养。

关键词： 应届高职毕业生　灵活就业　就业下沉　中小微民企　人才供需匹配

麦可思自2007年开始进行大学毕业生跟踪评价，并从2009年开始根据评价结果每年出版就业蓝皮书，迄今已连续 16 年出版"就业蓝皮书"。本报告基于应届毕业半年后、毕业三年后的跟踪评价数据，分析高职毕业生的就业发展趋势与成效，回应政府、媒体、高职院校师生以及社会大众关注的问题，并为高职人才培养的持续改进提供参考建议。

一　应届高职毕业生就业去向多元化

继 2022 年高校毕业生规模首次突破千万大关后，2023 年毕业生规模再创新高。面对就业市场的总量压力，2023 届高职毕业生就业趋势呈现更加多元化和灵活化的特点。

（一）灵活就业和新形态创业占比上升

应届高职毕业生灵活就业群体增多。2023 届高职毕业生中，选择灵活就业的比例为 9.2%，比上一届（8.0%）①高了 1.2 个百分点。灵活就业包括了受雇半职工作、自由职业和自主创业等形式，其中依托互联网平台、数字技术的新形态就业创业为毕业生提供了更多选择与发展路径。具体来看，2023 届高职毕业生选择受雇半职工作、自由职业的比例分别为 1.9%、3.5%，这两类群体就业方式属于依托互联网平台的新就业形态的比例为 34%，比 2021 届（27%）上升了 7 个百分点；选择自主创业的比例为 3.8%，其中创业形式为"互联网创业"的比例为 21%，比 2021 届（16%）上升了 5 个百分点。这反映了数字技术的发展为毕业生提供了更多的选择和发展机会，也反映了就业市场的多元化和创新趋势。

（二）毕业生下沉至乡村基层治理、基层医疗等领域就业增多

毕业生就业重心下沉至基层增多。从毕业生的就业城市类型选择来看，在直辖市、副省级城市就业的比例呈下降趋势，合计从 2019 届的 37% 下降至

---

①　解读中提到的往届数据，均出自相应年份的《中国高职生就业报告》。

2023 届的 33%；在地级城市及以下地区就业的比例进一步上升，从 2019 届的 63% 上升至 2023 届的 67%，主要服务乡村基层治理、基层医疗领域。毕业生在基层政府及公共管理服务机构就业的比例从 2019 届的 3.8% 上升至 2023 届的 4.9%，这为乡村基层治理的完善与乡村振兴的推进提供了助力。

毕业生在基层医疗卫生服务机构就业的比例持续上升。随着社会对医疗卫生服务需求的增长，高职毕业生在医疗和社会护理服务业的就业比例保持稳定，2023 届为 7.5%。其中，毕业生在基层医疗卫生服务机构的就业比例呈现上升趋势，从 2019 届的 1.1% 上升至 2023 届的 1.8%。这一增长趋势在临床医学类专业毕业生中尤为显著，其在基层医疗卫生服务机构的就业比例从 2019 届的 23.6% 上升至 2023 届的 27.9%。这一变化表明，高职毕业生在基层医疗卫生服务领域的就业正在增加，这对于乡村医疗卫生体系的发展和乡村医生队伍的建设具有积极影响。

（三）升学比例趋于平稳，升入职业本科成新趋势

近年来，高职毕业生升入本科的比例经历了显著的增长后，目前呈现稳定态势。2023 届的升本比例为 20.7%，其中"双高"院校的毕业生升本比例为 22.2%，略高于非"双高"院校的 20.5%。随着一些普通本科院校停止专升本招生，升入职业本科逐渐成为新的趋势，这也为学生架构起多元化的成才之路，实现职普横向融通、纵向贯通，推进职业教育高质量发展。

二 产业链、供应链优化升级为毕业生就业提供了更多选择

毕业生的就业流向也呈现更加多元化的特点，装备制造产业链在科技创新助力下不断优化升级，为毕业生就业提供了新的选择。此外，中小微民企对毕业生的吸纳水平持续上升，这也为毕业生提供了更多的就业选择和职业发展机会。

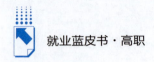

（一）装备制造业对创新型数字技能人才需求增长，毕业生就业优势明显

装备制造业及其产业链上游对创新型数字技能人才的需求增长。具体来看，毕业生在电子电气设备制造业、机械设备制造业就业的比例相对较高，2023届分别达到5.5%、3.9%，比2019届（分别为4.6%、3.1%）分别上升了0.9个、0.8个百分点。随着制造业智能化的持续推进，装备制造业中创新型数字技能相关职业（与工业机器人、工业互联网、物联网、大数据、智能制造等相关的职业）的占比稳步提升，在装备制造业就业的毕业生从事这类职业的比例从2019届的3.1%上升至2023届的3.7%。此外，装备制造产业链上游的能源、原材料生产供应领域对毕业生吸纳能力稳定增长，2023届毕业生在"化学品、化工、塑胶制造业"与"电力、热力、燃气及水生产和供应业"就业的比例分别为2.7%、2.6%，比2019届（分别为2.3%、1.8%）分别上升了0.4个、0.8个百分点。

在装备制造业及其产业链就业的毕业生就业质量优势明显。装备制造业产业链的集群发展在毕业生月收入方面优势明显，尤其是在装备制造、化工和能源等关键领域，其中交通运输设备制造业的月收入增长尤为显著，2023届毕业生的月收入达到5489元，排名上升至第二位，这与新能源汽车产业的快速增长有着直接的联系。此外，石油化工技术、智能控制技术、新能源汽车技术等专业的毕业生，在就业市场上同样展现出较高的就业质量，这反映了这些专业与当前产业发展趋势的紧密对接。

（二）中小微民企是高职毕业生就业的主要吸纳力量，尤其在装备制造行业

民营企业和中小微企业是高职毕业生就业的主要吸纳力量，2023届高职毕业生在民营企业就业的比例达到71%，在300人及以下规模单位就业的比例达到66%，相比往年均有上升。结合就业单位类型与规模来看，毕业生在中小微民企就业的比例持续上升，从2019届的49%上升至2023届的53%，

呈现稳步增长的趋势。从中小微民企的行业构成来看，装备制造领域的占比持续上升，从 2019 届的 6.7% 上升至 2023 届的 7.7%。这表明中小微民企在该产业链中的作用越来越重要，为毕业生提供了更多的就业机会和发展空间。

三 工程行业类院校需强化新兴产业专业培养，以提升行业适应度

高职行业类院校在专业人才培养方面，发挥着与特定行业领域紧密相连的关键作用。在全球化和技术革新的背景下，深入探讨这些院校在专业设置、行业贡献以及培养质量上的行业适应性，对于职业院校进行专业动态调整、教学优化、产教融合以及建立教学评估机制至关重要。这有助于确保人才培养与行业标准紧密结合，促进毕业生实现高质量就业，并推动相关行业的发展。

专业设置：适应行业发展需求。与十年前相比，行业特色院校的专业设置集中度和行业特色化程度显著提升，反映出学校对特定行业领域的聚焦和资源集中。铁路类和电力水利类院校在行业就业匹配度上表现突出，超过 60% 的毕业生在相关行业就业，显示出专业设置与行业需求的高度契合。然而，建筑类院校毕业生在相关行业就业的比例出现下降，这可能与宏观经济环境和行业结构调整有关，提示学校需关注行业动态，及时调整人才培养方案。电子信息类院校虽然对信息行业的直接贡献度（25% 左右）不高，但其毕业生在多个领域的就业相关度（70% 以上）高，显示出跨领域就业的灵活性和适应性。机电类院校则在专业集群发展和行业适应性方面表现良好，尽管行业类专业招生规模有所下降，但毕业生在相关行业的就业比例上升，反映了学校对行业变化的及时响应和专业集群建设的成效。

培养质量：提升关键办学能力。行业特色院校在服务新兴产业方面存在培养质量提升的空间。电子信息类、交通类和机电类院校的毕业生工作与专业相关度较低，分别为 51%、58% 和 59%，就业满意度均为 79%，这表明专业培养与岗位需求之间存在不匹配的问题。其中，计算机类、电子信息类专

业毕业生对核心课程有效性的评价低于全国平均水平，说明课程内容未能跟上行业发展的步伐。此外，毕业生对教学效果和课程教材的实用性表达了较高的改进需求。教师教学效果和在线教学效率的不足，以及课程教材与实际工作需求的脱节，是当前教学面临的主要挑战。行业院校需要加强产教融合，提升"双师型"教师比例，并与企业合作编写教材，以确保课程内容与行业需求同步更新，提升学生的职业技能和就业竞争力。

四 调整学前教育专业规模，提升学生教学能力

学前教育也是高职毕业生服务面向的重要领域之一。伴随着 2016 年之后出生人口数的持续下降，适龄幼儿数量减少，学前教育领域受到的影响巨大，学前教育教师已出现供大于求的情况。高职学前教育相关专业需在这一背景下做好供需平衡，并有针对性地完善人才培养环节以更好地匹配学前教育事业发展的变化和要求。

需均衡配置城乡学前师资，优化中西部师资配置。城乡之间、不同区域之间学前教育需求存在较大差异，其中乡村地区、中西部地区学前教育师资短缺的压力有待进一步缓解。具体来看，在学前教育资源进一步向城镇、东部地区集中的情况下，乡村地区、中部和西部地区学前教育生师比仍相对较高，2022 年分别为 18.29∶1、14.69∶1、15.35∶1。不同地区之间学前教育的资源配置仍需进一步均衡。

学前教育教师学历水平的提升在东部发达地区尤为突出。教育部数据显示，2022 年全国本科及以上学历的学前教育专任教师占 33%，比 2018 年提高 10 个百分点。东部地区这一比例高达 39%，其中上海达到 85%，显著高于其他省份。学历提升导致东部高职学前教育专业毕业生在本领域的就业比例从 2019 届的 69.5% 下降至 56.9%，反映出教师岗位竞争的加剧。为应对这一挑战，东部地区需调整学前教育人才的培养规模，并加强专本衔接，以满足不同学历层次教师的需求。

学前教育人才培养需注重提升教师实践能力。学前教育相关专业的人才

培养环节需更加关注实践教学以促进学生教学能力的提升。从高职学前教育专业从教毕业生的反馈情况来看，教学过程中实习和实践环节不够以及课程内容实践性不足的比例均接近 60%（2023 届分别为 56%、58%），教学能力是其认为最需要通过实践教学加强的方面，且非师范院校的学前教育专业毕业生对上述内容的改进诉求更为强烈。相关院校和专业在后续培养过程中可有针对性地完善。

分 报 告

B.2
2023 年高职生毕业去向分析

摘　要： 2023 年高职毕业生在毕业生规模创新高和宏观经济增速放缓的双重压力下，就业观念趋向灵活化和多元化，自由职业和自主创业比例上升，专升本比例趋于稳定。总体来看，高职毕业生毕业去向落实率（88.9%）较上届有所提升。专业方面，生物与化工、能源动力与材料、装备制造大类毕业生的毕业去向落实率位居前三，分别为 91.3%、91.2% 和 90.7%。不同地区间存在差异，东部和中部地区毕业生的毕业去向落实率较高，分别为 90.3% 和 89.3%，东部地区整体经济发展水平较高、产业集聚且民营经济活跃，中西部地区伴随着现代化产业体系构建以及乡村振兴的推进，为毕业生就业提供了更多支撑。

关键词： 就业观念　灵活就业　毕业去向落实率　区域差异　高职生

一 毕业去向分布

毕业半年后：2023 届毕业生毕业第二年（即 2024 年）的 1 月前后。麦可思在此时展开跟踪评价。此时毕业生的就业状况趋于稳定，有工作经历的毕业生也能够评估工作对自己知识、能力的要求水平。

毕业三年后：麦可思于 2023 年对 2020 届大学毕业生进行了三年后跟踪评价（曾于 2021 年初对这批大学毕业生进行过半年后跟踪评价），本报告涉及的三年内的变化分析即使用两次对同一批大学生的跟踪评价数据。

毕业去向分布：麦可思将中国高职毕业生的毕业状况分为七类：受雇工作、自由职业、自主创业、入伍、读本科、准备升学、待就业。其中，受雇工作包含受雇全职工作、受雇半职工作，受雇全职工作指平均每周工作 32 小时或以上，受雇半职工作指平均每周工作 20~31 小时。待就业包含"无工作，继续寻找工作""无工作，其他"。

院校类型：本报告在分析中，将高职院校类型划分为"双高"院校和非"双高"院校。其中"双高"院校包含高水平建设院校 56 所，高水平专业群建设院校 141 所。非"双高"院校包含除"双高"院校以外的高职院校。

继 2022 年高校毕业生规模首次突破千万大关后，2023 年毕业生规模再创新高，就业总量压力较大。伴随着宏观经济增速放缓，毕业生去向落实难度增加。从应届高职毕业生的毕业去向来看，毕业生去向分布更加多元化。与 2022 届相比，2023 届高职毕业生受雇工作的比例降速放缓，自由职业和自主创业增多（见表 2-1），这种趋势反映了当前就业市场的灵活性以及毕业生就业观念的变化。

从不同院校类型来看，"双高"院校毕业生读本科比例更高，2023 届达到 22.2%；非"双高"院校毕业生自主创业和自由职业比例更高，2023 届分别达到 3.8%、3.6%，反映了毕业生对就业模式的新探索和对个人职业发展的新期待（见表 2-2、表 2-3）。

表 2-1　2019~2023 届高职院校毕业生半年后的去向分布变化

单位：%，个百分点

高职院校毕业生毕业去向分布	2023 届	2022 届	2021 届	2020 届	2019 届	五年变化
受雇工作	59.3	60.0	64.4	68.4	80.3	−21.0
自由职业	3.5	3.0	2.8	3.6	–	–
自主创业	3.8	3.2	3.1	2.8	3.4	0.4
入伍	1.6	1.4	1.0	0.8	0.6	1.0
读本科	20.7	20.1	19.3	15.3	7.6	13.1
未就业	11.1	12.3	9.4	9.1	8.1	3.0

注 1："自由职业"为 2020 届新增选项，下同。

注 2：五年变化是指 2023 届的比例减去 2019 届的比例，下同。

注 3：未就业包括准备升学和待就业，下同。

资料来源：麦可思－中国 2019~2023 届大学毕业生培养质量跟踪评价。

表 2-2　2019~2023 届"双高"院校毕业生半年后的去向分布变化

单位：%，个百分点

"双高"院校毕业生毕业去向分布	2023 届	2022 届	2021 届	2020 届	2019 届	五年变化
受雇工作	60.5	60.9	65.8	68.8	80.1	−19.6
自由职业	3.2	2.7	2.5	3.3	–	–
自主创业	3.5	3.2	3.0	2.7	3.3	0.2
入伍	1.9	1.6	1.2	1.0	0.7	1.2
读本科	22.2	21.4	20.2	17.2	9.9	12.3
未就业	8.7	10.2	7.3	7.0	6.0	2.7

资料来源：麦可思－中国 2019~2023 届大学毕业生培养质量跟踪评价。

表 2-3　2019~2023 届非"双高"院校毕业生半年后的去向分布变化

单位：%，个百分点

非"双高"院校毕业生毕业去向分布	2023 届	2022 届	2021 届	2020 届	2019 届	五年变化
受雇工作	59.0	59.7	64.0	68.4	80.3	−21.3
自由职业	3.6	3.1	2.9	3.6	–	–
自主创业	3.8	3.2	3.1	2.8	3.4	0.4
入伍	1.6	1.4	1.0	0.8	0.5	1.1
读本科	20.5	19.9	19.2	15.0	7.2	13.3
未就业	11.5	12.7	9.8	9.4	8.6	2.9

资料来源：麦可思－中国 2019~2023 届大学毕业生培养质量跟踪评价。

随着离校时间的推移，毕业生的去向落实将越来越充分。到毕业三年后，高职毕业生已普遍受雇工作，同时自主创业的比例相比刚毕业时明显提升。具体来看，2020 届高职毕业生在毕业三年后受雇工作的比例接近八成（78.4%），自主创业的比例为 6.0%；"双高"院校、非"双高"院校毕业生在毕业三年后受雇工作的比例分别为 80.6%、78.0%，自主创业的比例分别为 6.1%、6.0%（见图 2-1）。

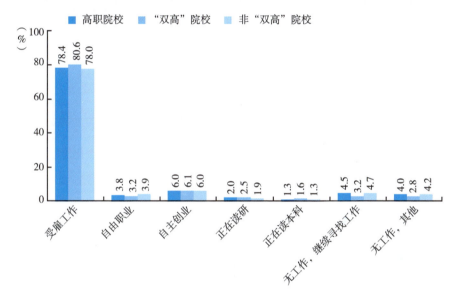

图 2-1 2020 届高职毕业生毕业三年后的去向分布

资料来源：麦可思 – 中国 2020 届大学毕业生三年后职业发展跟踪评价。

二 毕业去向落实率分析

毕业去向落实率：高职毕业生的毕业去向落实率＝已就业高职毕业生数／高职毕业生总数。其中已就业人群包括"受雇工作""读本科"等五类。

2023 年经济的恢复发展为就业市场的稳定提供了支撑。数据显示，2023 届高职生毕业半年后毕业去向落实率为 88.9%，相比 2022 届（87.7%）有所回升；其中"双高"院校毕业生的毕业去向落实率持续高于非"双高"院校

（见图 2-2、图 2-3）。在持续攀升的毕业生规模和宏观经济增速放缓的双重挑战下，政府、高校、企业仍需持续提供职业指导、就业服务、创业支持等，以帮助毕业生更好地适应市场需求，实现高质量发展。

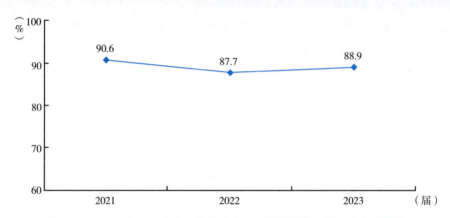

图 2-2　2021~2023 届高职生毕业半年后的毕业去向落实率变化趋势

资料来源：麦可思 - 中国 2021~2023 届大学毕业生培养质量跟踪评价。

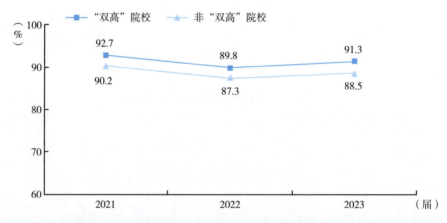

图 2-3　2021~2023 届各类型高职院校毕业生毕业半年后的毕业去向落实率变化趋势

资料来源：麦可思 - 中国 2021~2023 届大学毕业生培养质量跟踪评价。

区域：本研究基于国家统计局东、中、西部和东北地区划分标准，将中国内地 31 个省、自治区和直辖市分为四大地区，其中东部地区包括北京、天津、河北、上海、江苏、浙江、福建、山东、广东、海南 10 个省（市）；中部地区包括山西、安徽、江西、河南、湖北、湖南 6 个省；西部地区包括内蒙古、广西、重庆、四川、贵州、云南、西藏、陕西、甘肃、青海、宁夏、新疆 12 个省（区、市）；东北地区包括辽宁、吉林、黑龙江 3 个省。

三大经济区域：京津冀、长三角、珠三角地区是我国主要的人口聚集地和经济社会发展的重要引擎和增长极，对高校毕业生就业具有重要保障作用，本研究将其单独列出分析。

从不同地区来看，各区域高职院校毕业生毕业半年后的毕业去向落实率均呈现先下降后回升的趋势，这可能与宏观经济环境变化、产业结构优化调整、就业市场需求波动等诸多因素的影响有关。东部地区高职院校毕业生的毕业去向落实率持续高于其他区域，2023 届为 90.3%；东部地区整体经济发展水平较高，能够为毕业生求职提供较多选择。中部地区高职院校毕业生的毕业去向落实率与东部地区相近，也处于较高水平，2023 届为 89.3%；中部地区以湖北、湖南、安徽为代表，在"中部崛起"高质量发展的背景下逐步构建了以先进制造为支撑的现代化产业体系，为毕业生就业提供了助力。西部地区高职院校 2023 届毕业生的毕业去向落实率为 87.1%，位列第三，其广大基层对毕业生就业的支撑较大；东北地区高职院校 2023 届毕业生的毕业去向落实率（86.2%）相对较低，但相比上一届回升明显，这也在一定程度上反映了近年来一系列振兴政策的效果（见表 2-4）。

表 2-4 2021~2023 届各区域高职生毕业半年后的毕业去向落实率变化趋势 单位：%			
各区域	2023 届	2022 届	2021 届
东部地区	90.3	88.8	91.6
中部地区	89.3	88.7	91.4
西部地区	87.1	85.9	88.7
东北地区	86.2	84.6	88.1
全国	88.9	87.7	90.6

资料来源：麦可思 - 中国 2021~2023 届大学毕业生培养质量跟踪评价。

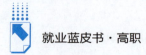

从三大经济区域来看，长三角地区高职院校毕业生毕业半年后的毕业去向落实率保持领先，2023届为91.9%；长三角地区经济总量、增速均较高且发展较为均衡，浙江、江苏、安徽2023年GDP增速（分别为6.0%、5.8%、5.8%）均高于全国平均水平，这为毕业生就业提供了有力支撑。珠三角地区紧随其后，2023届毕业去向落实率为90.5%；珠三角地区以广东为代表，其经济总量连续35年居全国首位，且民营经济活跃，对毕业生的吸纳能力较强，当然其特征鲜明的外向型经济容易受外贸形势影响，毕业生去向落实的波动相对较大（见表2-5）。

表2-5　2021~2023届三大经济区域高职毕业生毕业半年后的毕业去向落实率变化趋势

单位：%

三大经济区域	2023届	2022届	2021届
长三角地区	91.9	91.4	93.2
珠三角地区	90.5	89.9	92.3
京津冀地区	87.8	86.3	89.3
全国高职	88.9	87.7	90.6

资料来源：麦可思－中国2021~2023届大学毕业生培养质量跟踪评价。

总的来说，各区域高职院校应基于本地经济发展和产业结构优化调整的情况，并结合自身办学特色与优势，有针对性地优化专业设置与培养规模以适应地区发展的需要，从而更好地促进毕业生的高质量充分就业。

专业大类：按照教育部的专业目录，本次跟踪评价覆盖了高职院校所开设的专业大类19个。

专业类：按照教育部的专业目录，本次跟踪评价覆盖了高职院校所开设的专业类96个。

专业：按照教育部的专业目录，本次跟踪评价覆盖了高职院校所开设的专业587个。

从不同专业大类来看，生物与化工大类、能源动力与材料大类毕业生的毕业去向落实率连续三年保持在前两位，2023届分别为91.3%、91.2%；装备制造大类近两届毕业生的毕业去向落实率均位列第三位，2023 届为 90.7%；当然，从近三届趋势看均有所下降（见表 2-6）。这三类专业主要面向装备制造及其产业链上游的能源、原材料生产供应环节；伴随着以新能源汽车、太阳能电池（光伏电池）、服务机器人、3D 打印设备等为代表的新动能不断成长壮大，相关领域对专业技术技能人才的要求进一步提升，相关专业的人才培养仍需更好地匹配和适应产业发展的新要求。

表 2-6 2021~2023 届高职各专业大类毕业生毕业半年后的毕业去向落实率

单位：%

高职专业大类名称	2023 届	2022 届	2021 届
生物与化工大类	91.3	92.1	92.5
能源动力与材料大类	91.2	91.7	92.6
装备制造大类	90.7	91.2	92.1
食品药品与粮食大类	90.4	88.7	91.3
土木建筑大类	90.2	90.0	92.4
财经商贸大类	90.0	87.4	90.9
资源环境与安全大类	90.0	89.2	90.2
旅游大类	89.9	87.4	88.3
交通运输大类	89.4	88.3	91.2
公共管理与服务大类	88.9	89.0	92.2
农林牧渔大类	88.9	89.0	89.9
文化艺术大类	88.6	86.9	91.7
新闻传播大类	88.3	88.5	89.1
电子信息大类	88.3	87.0	90.3
教育与体育大类	87.7	87.1	91.0
医药卫生大类	86.0	85.7	88.8
全国高职	88.9	87.7	90.6

注：个别专业大类因为样本较少，没有包括在内。

资料来源：麦可思－中国 2021~2023 届大学毕业生培养质量跟踪评价。

进一步从各专业类来看，分别隶属于上述前三位专业大类的化工技术类、电力技术类、船舶与海洋工程装备类专业毕业生毕业去向落实率位列前三位，2023届分别达到92.7%、92.2%、92.0%。值得关注的是，隶属于医药卫生大类的临床医学类专业毕业生毕业去向落实率也较高，2023届为91.8%，连续两年进入前五位；这类专业毕业生在基层医疗卫生服务机构从事乡村医生工作的比例稳步提升（见表2-7）。

表2-7 2021~2023届高职主要专业类毕业生毕业半年后的毕业去向落实率

单位：%

高职专业类名称	2023届	2022届	2021届
化工技术类	92.7	93.0	93.1
电力技术类	92.2	92.5	92.9
船舶与海洋工程装备类	92.0	92.7	91.3
临床医学类	91.8	92.3	93.0
道路运输类	91.6	92.3	93.7
市政工程类	91.3	92.1	92.7
机械设计制造类	91.2	92.0	92.0
汽车制造类	91.1	90.7	92.0
药品制造类	91.1	90.5	91.6
环境保护类	91.0	90.5	91.3
土建施工类	90.9	91.4	92.9
食品药品管理类	90.9	90.5	93.0
餐饮类	90.6	87.9	88.6
物流类	90.6	88.8	91.9
建设工程管理类	90.5	90.3	92.9
机电设备类	90.5	92.3	93.2
通信类	90.3	89.6	91.7
自动化类	90.3	90.9	92.0
电子信息类	90.1	88.6	92.1
电子商务类	90.1	89.1	92.1
城市轨道交通类	90.1	90.2	92.8
市场营销类	90.0	87.9	92.3
公共管理类	89.9	89.4	91.8
农业类	89.7	88.7	90.5

续表

高职专业类名称	2023 届	2022 届	2021 届
建筑设备类	89.6	88.8	91.4
建筑设计类	89.6	89.5	91.9
财务会计类	89.6	86.9	89.5
食品工业类	89.5	88.4	90.8
经济贸易类	89.4	88.7	91.9
畜牧业类	89.3	90.1	89.2
测绘地理信息类	89.3	89.1	90.4
艺术设计类	89.2	87.8	92.3
铁道运输类	89.1	88.5	91.1
旅游类	89.1	87.2	87.8
药学类	88.7	88.5	92.1
公共服务类	88.6	88.0	91.2
水上运输类	88.6	86.3	90.1
金融类	88.6	87.6	90.5
语言类	88.2	88.1	93.1
航空运输类	88.1	87.7	91.2
广播影视类	88.1	88.3	89.5
林业类	88.1	89.4	92.6
房地产类	87.8	88.5	91.1
计算机类	87.7	86.6	90.0
教育类	87.5	87.1	90.5
工商管理类	87.2	86.9	90.6
公共事业类	87.2	89.1	93.2
康复治疗类	87.0	88.1	93.4
医学技术类	86.9	89.4	92.6
表演艺术类	85.5	83.6	88.2
护理类	84.5	84.5	88.5
全国高职	88.9	87.7	90.6

注：个别专业类因为样本较少，没有包括在内。

资料来源：麦可思－中国 2021~2023 届大学毕业生培养质量跟踪评价。

面向装备制造、新能源汽车等重点产业、新兴产业以及现代化基础设施建设、基层医疗等重要民生领域的专业毕业去向落实率相对较高。从 2023 届就业量最大的前 50 位高职专业来看，毕业去向落实率较高的专业包括道路桥梁工程技术（93.0%）、机械设计与制造（92.3%）、机械制造与自动化（92.2%）、临床医学（92.2%）、新能源汽车技术（91.9%）等（见表 2-8）。

表 2-8　2023 届高职毕业生毕业半年后就业量最大的前 50 位专业的毕业去向落实率

单位：%

高职就业量最大的前 50 位专业名称	毕业去向落实率
道路桥梁工程技术	93.0
机械设计与制造	92.3
机械制造与自动化	92.2
临床医学	92.2
新能源汽车技术	91.9
数控技术	91.8
模具设计与制造	91.7
汽车检测与维修技术	91.3
广告设计与制作	91.2
建筑工程技术	91.0
电子信息工程技术	90.9
建筑装饰工程技术	90.9
工程造价	90.8
物流管理	90.8
电气自动化技术	90.8
商务英语	90.7
数字媒体应用技术	90.6
建设工程管理	90.3
电子商务	90.3
机电一体化技术	90.1
应用电子技术	90.1
财务管理	90.1

	续表
高职就业量最大的前 50 位专业名称	毕业去向落实率
市场营销	90.0
工业机器人技术	89.9
视觉传播设计与制作	89.9
医学检验技术	89.5
会计	89.4
城市轨道交通运营管理	89.4
酒店管理	89.3
畜牧兽医	89.1
环境艺术设计	89.1
大数据技术与应用	88.9
物联网应用技术	88.9
建筑室内设计	88.9
学前教育	88.8
药学	88.6
空中乘务	87.9
旅游管理	87.8
计算机网络技术	87.6
康复治疗技术	87.2
艺术设计	86.7
金融管理	86.7
计算机应用技术	86.6
软件技术	86.4
工商企业管理	86.3
动漫制作技术	85.8
助产	85.3
小学教育	84.8
语文教育	84.7
护理	84.4
全国高职	88.9

资料来源：麦可思－中国 2023 届大学毕业生培养质量跟踪评价。

从高职生毕业去向落实率排名前50的专业来看，具有高度行业针对性和技术专业性的专业是主体，特别是工程类专业占了七成，包括石油化工技术（93.4%）、电力系统自动化技术（93.4%）、铁道工程技术（93.2%）、工业分析技术（93.2%）、发电厂及电力系统（93.2%）等；值得关注的是，一些反映了新动能成长与产业数字化转型的专业表现较为亮眼，包括智能控制技术（92.6%）、新能源汽车技术（91.9%）、建筑智能化工程技术（91.6%）等。非工程类专业中，毕业去向落实率较高的包括口腔医学（92.8%）、眼视光技术（92.4%）、临床医学（92.2%）等，主要面向健康领域（见表2-9）。

表2-9　2023届高职毕业生毕业半年后毕业去向落实率排前50位的主要专业

单位：%

高职毕业生毕业去向落实率排前50位的专业名称	毕业去向落实率
石油化工技术	93.4
电力系统自动化技术	93.4
铁道工程技术	93.2
工业分析技术	93.2
发电厂及电力系统	93.2
道路桥梁工程技术	93.0
口腔医学	92.8
智能控制技术	92.6
应用化工技术	92.4
眼视光技术	92.4
药品生产技术	92.3
机械设计与制造	92.3
机械制造与自动化	92.2
临床医学	92.2
国际贸易实务	92.2
汽车运用与维修技术	91.9
汽车电子技术	91.9
新能源汽车技术	91.9
数控技术	91.8
社会体育	91.7

	续表
高职毕业生毕业去向落实率排前 50 位的专业名称	毕业去向落实率
城市轨道交通机电技术	91.7
模具设计与制造	91.7
建筑设备工程技术	91.7
供用电技术	91.7
环境工程技术	91.6
医学美容技术	91.6
建筑智能化工程技术	91.6
焊接技术与自动化	91.5
汽车检测与维修技术	91.3
铁道机车	91.2
广告设计与制作	91.2
通信技术	91.1
市政工程技术	91.1
工程机械运用技术	91.0
建筑工程技术	91.0
药品经营与管理	90.9
电子信息工程技术	90.9
动物医学	90.9
城市轨道交通车辆技术	90.9
水利水电建筑工程	90.9
国际商务	90.9
机电设备维修与管理	90.9
建筑装饰工程技术	90.9
汽车制造与装配技术	90.9
人力资源管理	90.8
工程造价	90.8
国际经济与贸易	90.8
城市轨道交通工程技术	90.8
物流管理	90.8
电气自动化技术	90.8
全国高职	88.9

注：毕业生规模过小的专业不包括在此排序中。

资料来源：麦可思－中国 2023 届大学毕业生培养质量跟踪评价。

三　未就业分析

未就业：本研究将应届毕业生在毕业半年后跟踪评价时既没有受雇工作，也没有自主创业、自由职业、入伍或升学的状态，视为未就业。这包括准备升学、还在找工作和其他暂不就业三种情况。

2023届高职毕业生毕业半年后未就业的比例为11.1%，其中"双高"院校毕业生未就业比例（8.7%）低于非"双高"院校（11.5%）（见图2-4）。

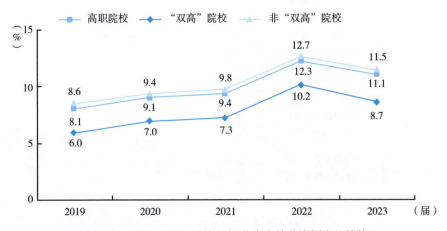

图2-4　2019~2023届高职毕业生未就业比例变化趋势

资料来源：麦可思－中国2019~2023届大学毕业生培养质量跟踪评价。

未就业的高职毕业生以求职为主，2023届近四成（38%）正在找工作，其中有58%的人收到过用人单位的录用通知，拒绝录用的主要原因是薪资福利、个人发展空间等方面与个人预期不匹配，这也反映出部分毕业生的求职预期与职场需求之间依然存在错位（见图2-5、图2-6、图2-7）。

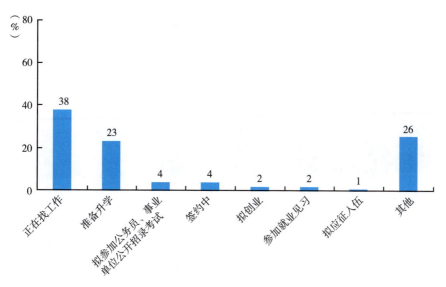

图 2-5　2023 届高职未就业毕业生分布

资料来源：麦可思－中国 2023 届大学毕业生培养质量跟踪评价。

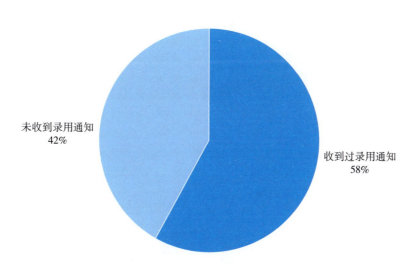

图 2-6　2023 届高职正在找工作的毕业生收到过录用的比例

资料来源：麦可思－中国 2023 届大学毕业生培养质量跟踪评价。

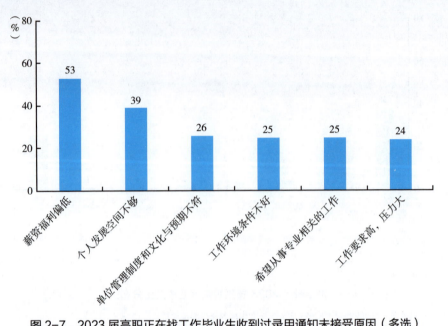

图 2-7　2023 届高职正在找工作毕业生收到过录用通知未接受原因（多选）

资料来源：麦可思－中国 2023 届大学毕业生培养质量跟踪评价。

B.3
2023年高职毕业生就业结构分析

摘　要： 随着乡村振兴战略的深入实施，更多高职毕业生下沉至基层医疗、乡村基层治理等领域就业，2023届高职毕业生在地级城市及以下就业的比例已接近70%。东部地区以其产业集聚和较高的薪资水平，吸引了超过半数的毕业生就业，占比高达50.4%。与此同时，建筑业需求疲软，而装备制造业及其上游领域对创新型数字技能人才的需求稳步提升，特别是工业机器人和智能制造等领域对人才的需求增长明显。此外，民营企业和中小微企业是吸纳毕业生就业的主力军，其中71%的毕业生在民营企业就业，毕业生在中小微企业就业比例达到66%。专业预警分析揭示了新能源汽车技术和智能控制技术等专业因市场需求增长而成为绿牌专业，而法律事务和小学教育等专业则因供需矛盾被列为红牌专业。

关键词： 就业下沉　乡村振兴　数字技能　中小微民企　高职生

一　就业地分析

东部地区在吸引人才方面具有较强的优势，中部和东北地区面临毕业生外流的挑战较大。从应届高职毕业生就业地[①]分布来看，2023届在东部地区就业的占比（50.4%）最高，其次是西部地区（25.2%）；结合各地区高职院校毕业生占比和毕业去向落实率综合来看，东部地区对人才的吸引力（毕业生占比36.8%、毕业去向落实率90.3%）最强，毕业生流入较多；中部地区（毕业生占比28.9%、毕业去向落实率89.3%）、东北地区（毕业生占比6.6%、

[①]　就业地：指大学毕业生的就业所在地区。

毕业去向落实率 86.2%）毕业生外流较多（见表 3-1）。

这与各地区的经济发展水平、产业布局、就业机会、区域政策等因素有关。东部地区产业集聚，提供了丰富的就业机会和相对较高的薪资水平，这使得该地区对毕业生具有较高的吸纳水平。

从三大经济区域来看，长三角、珠三角地区产业发展水平高，聚集效应明显且民营经济活跃，对技术技能人才的吸引力较强，有较多高职毕业生流入上述地区（见表 3-2）。

表 3-1　2023 届高职毕业生就业地的分布

单位：%

各区域	2023 届高职毕业生在该地区就业的比例	2023 届该地区高职毕业生实际人数比例	毕业去向落实率
东部地区	50.4	36.8	90.3
西部地区	25.2	27.7	87.1
中部地区	21.0	28.9	89.3
东北地区	3.4	6.6	86.2

资料来源：麦可思 – 中国 2023 届大学毕业生培养质量跟踪评价；中华人民共和国国家统计局。

表 3-2　2023 届高职毕业生在三大经济区域就业的情况

单位：%

三大经济区域	2023 届高职毕业生在该地区就业的比例	2023 届该地区高职毕业生实际人数比例	毕业去向落实率
长三角地区	19.8	14.9	91.9
珠三角地区	19.0	16.8	90.5
京津冀地区	7.3	6.5	87.8

资料来源：麦可思 – 中国 2023 届大学毕业生培养质量跟踪评价；中华人民共和国国家统计局。

城市类型：

1. 本研究按行政级别把中国内地城市分为以下三个类型。

a. 直辖市：包括北京、上海、天津、重庆。

b. 副省级城市：包括哈尔滨、长春、沈阳、大连、济南、青岛、南京、杭州、宁波、厦门、广州、深圳、武汉、成都、西安 15 个城市。部分省会城市不属于副省级城市。

c. 地级城市及以下：如绵阳、保定、苏州等，也包括省会城市如福州、银川等，以及地级市下属的县、乡等。

2. 本研究按城市发展水平、综合经济实力等把主要城市分为一线城市和新一线城市。

一线城市：北京、上海、广州、深圳。

新一线城市：《第一财经周刊》于 2013 年首次提出"新一线城市"概念，依据商业资源集聚度、城市枢纽性、城市人活跃度、生活方式多样性和未来可塑性五大指标，每年评出 15 座新一线城市。2023 年评出的 15 座新一线城市依次是：成都、重庆、杭州、武汉、苏州、西安、南京、长沙、天津、郑州、东莞、青岛、昆明、宁波、合肥。

随着乡村振兴战略的深入实施，高职毕业生就业重心进一步下沉，对基层医疗、乡村基层治理等领域的服务贡献程度提升。从近五年趋势来看，高职毕业生选择在地级城市及以下地区就业的比例呈上升趋势，从 2019 届的 63% 上升至 2023 届的 67%；与之相对应，毕业生选择在直辖市、副省级城市就业的比例均有所下降，分别从 2019 届的 10%、27% 下降至 2023 届的 9%、24%（见图 3-1）。这一趋势反映了毕业生就业观念的转变，也能为中小城市发展和乡村振兴提供助力。

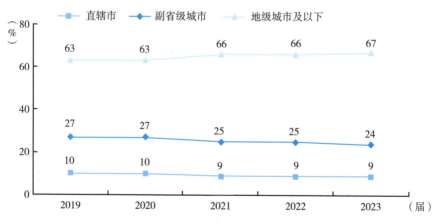

图 3-1　2019~2023 届高职毕业生就业城市类型分布变化

资料来源：麦可思－中国 2019~2023 届大学毕业生培养质量跟踪评价。

应届高职毕业生在一线和新一线城市就业比例均有下降的趋势。从近五年的数据来看，高职毕业生在一线城市就业的比例从 2019 届的 15% 下降至 2023 届的 13%，在新一线城市就业的比例在 22%~24% 波动，近三年略呈下降趋势（见图 3-2）。这可能是生活成本上升、就业竞争激烈、二线及三线城市就业机会增多等因素共同作用的结果。

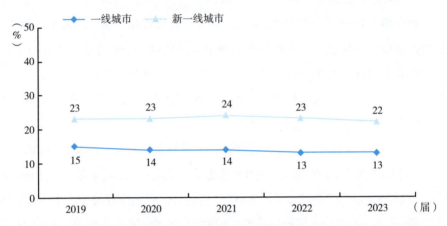

图 3-2　2019~2023 届高职毕业生在一线、新一线城市就业的比例变化趋势

资料来源：麦可思－中国 2019~2023 届大学毕业生培养质量跟踪评价。

二　行业、职业流向分析

（一）就业的主要行业及变化趋势

行业：根据麦可思中国行业分类体系，本次跟踪评价覆盖了高职毕业生就业的 322 个行业。

本节各图表中的"就业比例"＝在某类行业中就业的高职毕业生人数 / 全国同届次高职毕业生就业总数。

从毕业生就业行业的占比来看，2023 届高职毕业生毕业半年后就业量最大的行业类是"建筑业"（9.2%），其后依次是"医疗和社会护理服务业"（7.5%）、"零售业"（6.9%）等（见表 3-3）。

表 3-3　2019~2023 届高职毕业生就业的主要行业类变化趋势

单位：%，个百分点

行业类名称	2023 届	2022 届	2021 届	2020 届	2019 届	五年变化
建筑业	9.2	9.6	10.7	11.4	11.1	−1.9
医疗和社会护理服务业	7.5	8.0	8.0	7.4	7.5	0.0
零售业	6.9	6.5	6.7	6.6	6.4	0.5
教育业	5.5	5.9	6.9	7.7	7.8	−2.3
住宿和餐饮业	5.5	4.3	4.0	3.9	3.9	1.6
信息传输、软件和信息技术服务业	5.5	5.8	5.7	5.7	5.8	−0.3
电子电气设备制造业（含计算机、通信、家电等）	5.5	5.6	5.1	4.8	4.6	0.9
居民服务、修理和其他服务业	4.2	4.1	4.7	4.6	4.7	−0.5
机械设备制造业	3.9	3.7	3.5	3.3	3.1	0.8
各类专业设计与咨询服务业	3.9	3.9	4.3	4.3	4.7	−0.8
文化、体育和娱乐业	3.7	3.5	3.3	3.0	3.1	0.6
金融业	3.5	3.6	4.0	4.2	4.6	−1.1
政府及公共管理	3.1	3.8	3.0	3.0	3.2	−0.1
化学品、化工、塑胶制造业	2.7	2.6	2.4	2.3	2.3	0.4
运输业	2.7	2.8	2.8	2.8	3.0	−0.3
电力、热力、燃气及水生产和供应业	2.6	2.2	1.9	2.0	1.8	0.8
农、林、牧、渔业	2.4	2.3	2.2	2.3	1.9	0.5
交通运输设备制造业	2.3	2.3	2.1	2.0	2.1	0.2
行政、商业和环境保护辅助业	2.2	2.3	2.3	2.3	2.4	−0.2
其他制造业	2.0	2.1	1.5	1.2	1.0	1.0
医药及设备制造业	2.0	2.1	2.1	2.1	2.1	−0.1
纺织、服装、皮革制造业	1.9	1.9	1.9	1.7	1.7	0.2
房地产开发及租赁业	1.9	2.0	2.3	2.9	3.0	−1.1
食品、烟草、加工业	1.6	1.7	1.5	1.5	1.5	0.1

续表

行业类名称	2023届	2022届	2021届	2020届	2019届	五年变化
邮递、物流及仓储业	1.5	1.4	1.5	1.6	1.5	0.0
批发业	1.3	1.3	1.4	1.5	1.4	-0.1
金属冶炼和压延加工业	1.2	1.1	1.0	0.9	0.8	0.4
采矿业	1.0	0.8	0.7	0.7	0.6	0.4
家具制造业	0.9	0.8	0.9	0.9	0.9	0.0
玻璃黏土、石灰水泥制品业	0.7	0.8	0.7	0.6	0.5	0.2
群众团体、社会团体和宗教组织	0.3	0.3	0.2	0.2	0.2	0.1
其他租赁业	0.3	0.3	0.3	0.2	0.2	0.0
木品和纸品业	0.3	0.3	0.2	0.2	0.3	0.0

注：表中显示数字均保留一位小数，因为四舍五入，加起来可能不等于100%。

资料来源：麦可思－中国2019~2023届大学毕业生培养质量跟踪评价。

从变化趋势来看，建筑业整体需求疲软，高职毕业生在该领域就业的比例下降较多，经济增速放缓、宏观政策调控等可能是导致其就业机会减少的重要因素。

毕业生在医疗和社会护理服务业就业的比例整体保持稳定，其中在基层医疗卫生服务机构就业的比例呈上升趋势（2019届为1.1%，2023届为1.8%），伴随着乡村医疗卫生体系的发展与乡村医生队伍的补充和优化，毕业生在相关领域拥有较多就业机会。

毕业生在零售业就业的比例略有波动但整体趋势向上，近年来依托数字技术不断发展的新型零售为毕业生创造了新的就业机会。

装备制造业及其产业链上游的能源、原材料生产供应领域需求持稳，其中毕业生在电子电气设备制造业、机械设备制造业就业的比例相对较高，2023届分别达到5.5%、3.9%，比2019届（分别为4.6%、3.1%）分别上升了0.9个、0.8个百分点。另外，伴随着科技创新助力下制造业"智能化"的持续推进，装备制造业中创新型数字技能相关职业（与工业机器人、工业互联网、物联网、大数据、智能制造等相关的职业）的占比稳步提升，在装备制造业就业的高职毕业生从事这类职业的比例从 2019 届的 3.1% 上升至 2023 届的 3.7%。

随着疫情影响的减退，服务业特别是住宿餐饮、居民服务等领域的需求逐渐复苏，为毕业生提供了更多的就业选择（见表 3-4）。

表 3-4 2023 届高职毕业生就业量最大的前 50 位行业

单位：%

行业名称	就业比例
居民服务业	2.6
铁路、道路、隧道和桥梁工程建筑业	2.2
幼儿园与学前教育机构	2.1
其他制造业	2.0
建筑装修业	1.9
综合性餐饮业	1.8
基层医疗卫生服务机构	1.8
发电、输电业	1.7
互联网平台服务业（工业互联网平台、电商平台等）	1.7
综合医院	1.6
建筑基础、结构、楼房外观承建业	1.5
药品和医药制造业	1.5
半导体和其他电子元件制造业	1.4
中小学教育机构	1.4
百货零售业	1.3
物流仓储业	1.1
其他文体娱乐和休闲产业	1.1
软件开发业	1.1
住宅建筑施工业	1.0
会计、审计与税务服务业	1.0
其他培训学校和机构	1.0
旅客住宿业	1.0

续表

行业名称	就业比例
快餐业	1.0
电机、输配电及控制设备制造业	1.0
其他零售业	0.9
酒水、饮料及冷饮服务业	0.9
其他信息服务业	0.9
其他化工产品制造业	0.9
其他金融业	0.8
非住宅建筑施工业	0.7
保险中介、资产管理、精算及其他相关服务业	0.7
牙医诊所	0.7
互联网零售业	0.7
广告及相关服务业	0.7
工业生产加工专用设备制造业	0.7
专科医院	0.7
计算机及外围设备制造业	0.6
通用零部件制造业	0.6
司法、执法部门（公检法）	0.6
铁路运输业	0.6
通信设备制造业	0.6
房地产开发业	0.6
汽车保养与维修业	0.5
保险机构	0.5
数据处理、存储、计算、加工等相关服务业	0.5
办公室行政服务业	0.5
汽车零部件及配件制造业	0.5
汽车整车制造业	0.5
基础化学用品制造业	0.5
基层群众自治组织（含村委会、居委会等）	0.5

资料来源：麦可思－中国 2023 届大学毕业生培养质量跟踪评价。

（二）从事的主要职业及变化趋势

职业：根据麦可思中国职业分类体系，本次跟踪评价覆盖了高职毕业生能够从事的 531 个职业。

本节各表中的"就业比例"＝在某类职业中就业的高职毕业生人数／全国同届次高职毕业生就业总数。

从毕业生就业岗位来看，2023 届高职毕业生毕业半年后就业最多的职业类是"销售"（9.9%），其后依次是"财务／审计／税务／统计"（6.9%）、"行政／后勤"（6.8%）、"医疗保健／紧急救助"（6.6%）、"建筑工程"（6.0%）、"餐饮／娱乐"（5.3%）等（见表 3-5）。

从变化趋势来看，传统岗位整体就业需求偏饱和，如财会、行政、建筑工程等，这也跟宏观经济增速放缓和结构调整可能导致传统岗位的就业机会减少有关。

伴随着新产业、新业态、新模式的发展，毕业生从事创新型数字技能、新零售、新媒体运营等新兴岗位的比例上升。

随着疫情影响的减退，餐饮／娱乐等服务性岗位的需求逐渐复苏，为毕业生提供了更多的就业选择（见表 3-6）。

表 3-5　2019~2023 届高职毕业生从事的主要职业类变化趋势

单位：%，个百分点

高职职业类名称	2023 届	2022 届	2021 届	2020 届	2019 届	五年变化
销售	9.9	9.4	9.7	9.9	9.8	0.1
财务／审计／税务／统计	6.9	6.8	7.2	7.7	7.7	−0.8
行政／后勤	6.8	7.1	7.1	7.2	7.1	−0.3
医疗保健／紧急救助	6.6	7.1	7.1	6.6	6.6	0.0
建筑工程	6.0	6.4	7.3	8.1	7.8	−1.8
餐饮／娱乐	5.3	3.8	3.3	3.3	3.2	2.1
互联网开发及应用	4.4	4.4	4.7	4.4	4.5	−0.1
电气／电子（不包括计算机）	3.5	3.4	3.2	3.1	3.0	0.5

高职职业类名称	2023 届	2022 届	2021 届	2020 届	2019 届	五年变化
机械 / 仪器仪表	3.3	3.2	2.9	2.8	2.8	0.5
美术 / 设计 / 创意	3.1	3.1	3.0	3.0	3.0	0.1
计算机与数据处理	2.7	3.1	3.1	2.9	2.9	−0.2
交通运输 / 邮电	2.5	2.7	2.7	2.6	2.6	−0.1
媒体 / 出版	2.5	2.5	2.2	2.2	2.1	0.4
金融（银行 / 基金 / 证券 / 期货 / 理财）	2.5	2.7	2.9	3.0	3.1	−0.6
生产 / 运营	2.4	2.5	2.5	2.5	2.4	0.0
生物 / 化工	2.2	2.2	2.0	1.9	1.9	0.3
机动车机械 / 电子	2.2	2.2	2.0	1.9	1.8	0.4
幼儿与学前教育	2.1	2.6	2.7	2.5	2.5	−0.4
酒店 / 旅游 / 会展	1.9	1.6	1.5	1.5	1.9	0.0
农 / 林 / 牧 / 渔类	1.9	1.8	1.6	1.7	1.5	0.4
电力 / 能源	1.8	1.7	1.5	1.6	1.5	0.3
物流 / 采购	1.7	1.6	1.4	1.4	1.4	0.3
表演艺术 / 影视	1.6	1.4	1.4	1.2	1.1	0.5
人力资源	1.5	1.7	2.0	1.8	1.8	−0.3
中小学教育	1.3	1.4	1.8	2.1	2.1	−0.8
社区工作者	1.2	1.4	0.9	0.8	0.7	0.5
公安 / 检察 / 法院 / 经济执法	1.1	1.2	1.0	0.9	1.1	0.0
保险	1.1	1.1	1.1	1.4	1.4	−0.3
工业安全与质量	1.0	1.1	1.0	0.9	1.0	0.0
房地产经营	0.9	1.1	1.5	1.8	1.9	−1.0
经营管理	0.8	0.8	0.9	0.8	0.7	0.1
职业培训 / 其他教育	0.7	0.8	1.3	1.5	1.6	−0.9
服装 / 纺织 / 皮革	0.7	0.6	0.5	0.4	0.5	0.2
美容 / 健身	0.7	0.7	0.7	0.7	0.7	0.0
文化 / 体育	0.7	0.6	0.6	0.5	0.6	0.1
测绘	0.6	0.6	0.6	0.4	0.4	0.2

续表

高职职业类名称	2023 届	2022 届	2021 届	2020 届	2019 届	五年变化
矿山 / 石油	0.6	0.6	0.4	0.4	0.4	0.2
船舶机械	0.5	0.4	0.3	0.3	0.3	0.2
环境保护	0.5	0.6	0.6	0.5	0.6	−0.1
家政	0.4	0.3	0.2	0.2	0.0	0.4
航空机械 / 电子	0.4	0.4	0.4	0.4	0.4	0.0
殡仪服务	0.3	0.2	0.1	0.1	0.1	0.2
冶金材料	0.3	0.2	0.2	0.3	0.3	0.0
翻译	0.2	0.1	0.1	0.1	0.2	0.0

注：表中显示数字均保留一位小数，因为四舍五入，加起来可能不等于 100%。

资料来源：麦可思－中国 2019~2023 届大学毕业生培养质量跟踪评价。

表 3-6　2023 届高职毕业生就业量最大的前 50 位职业

单位：%

高职职业名称	就业比例
文员	4.7
会计	3.5
护士	3.1
电子商务专员	2.6
餐饮服务生	2.1
客服专员	2.0
营业员	2.0
幼儿教师	1.6
医生助理	1.2
各类销售服务人员	1.2
室内设计师	1.1
新媒体策划、编辑、运营人员	1.1
建筑施工人员	1.1
化工厂系统操作人员	0.9
信息支持与服务人员	0.9
小学教师	0.8
工程测量技术人员	0.8
推销员	0.8

续表

高职职业名称	就业比例
旅店服务人员	0.7
化学技术人员	0.7
收银员	0.7
电厂操作人员	0.7
行政秘书和行政助理	0.7
包装设计师	0.7
网上商家	0.6
电工技术人员	0.6
餐饮服务主管	0.6
建筑工程设备操作人员	0.6
人力资源专职人员	0.6
地图制图与摄影测量技术人员	0.6
教育培训人员	0.6
保单管理人员	0.6
其他社区和村镇工作人员	0.6
土木建筑工程技术人员	0.5
销售经理	0.5
电气工程技术人员	0.5
房地产经纪人	0.5
证券、期货和金融服务销售代理	0.5
互联网开发人员	0.5
车身修理技术人员	0.5
直播销售人员	0.5
存货管理员（储藏室、库房的）	0.5
电子工程技术人员	0.5
咖啡师	0.5
档案管理员	0.5
辅警	0.5
平面设计人员	0.4
运营经理	0.4
工业工程技术人员	0.4
工程造价人员	0.4

资料来源：麦可思－中国 2023 届大学毕业生培养质量跟踪评价。

三　用人单位流向分析

高职毕业生在民营企业就业的比例上升，特别是在装备制造领域，体现了民营经济的韧性和创新动力。具体来看，2023 届毕业生在民营企业 / 个体就业的比例（71%）最高，较 2022 届（69%）上升了 2 个百分点（见图 3-3）。民营企业对毕业生的吸纳能力增强，这也为毕业生提供了更多的就业选择和职业发展机会。

从各专业大类来看，毕业生在不同类型单位就业的选择反映了各类专业的人才培养特点和行业需求。文化艺术大类、新闻传播大类、财经商贸大类毕业生就业更加集中在民营企业；能源动力与材料大类、交通运输大类、生物与化工大类毕业生就业主要面向电力、交通运输、基建、化工等领域，在国有企业的比例相对较高（见图 3-4）。

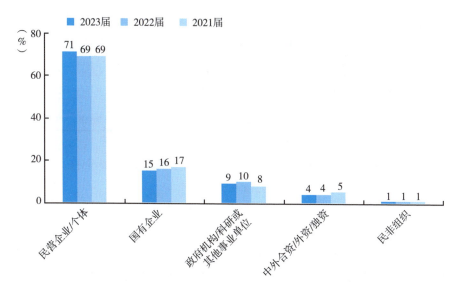

图 3-3　2021~2023 届高职毕业生就业的用人单位类型分布变化趋势

资料来源：麦可思 - 中国 2021~2023 届大学毕业生培养质量跟踪评价。

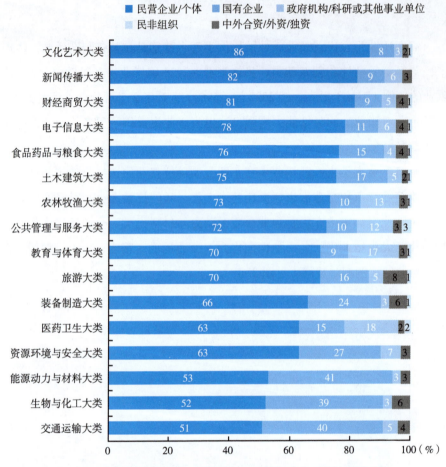

图 3-4 2023 届高职各专业大类毕业生就业的用人单位类型分布

注：个别专业大类因为样本较少，没有包括在内。

资料来源：麦可思－中国 2023 届大学毕业生培养质量跟踪评价。

　　中小微企业也是吸纳毕业生就业的主体，毕业生在中小微企业就业的比例稳步上升，体现了中小微企业在就业市场中的重要性和活力。数据显示，近三届高职毕业生在 300 人及以下规模单位就业的比例持续上升，2023 届达到 66%（见图 3-5）。

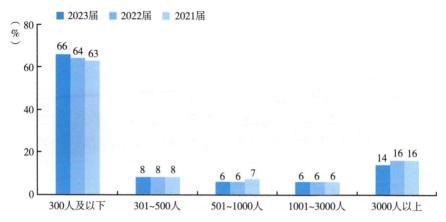

图 3-5　2021~2023 届高职毕业生就业的用人单位规模分布变化趋势

资料来源：麦可思－中国 2021~2023 届大学毕业生培养质量跟踪评价。

中小微企业通常具有较强的灵活性和创新力，能够快速适应市场变化，提供多样化的产品和服务，是产业链供应链的重要组成部分，对于提升产业链供应链现代化水平、吸纳更多毕业生就业具有重要支撑作用。政府对中小微企业的扶持政策，如税收减免、融资支持、创业指导等，有助于中小微企业的健康成长，从而为毕业生提供更多就业机会和职业发展空间。

不同专业大类毕业生在就业单位规模选择上的差异化，反映了各类专业特点、人才培养目标以及行业需求的多样性。教育与体育大类、新闻传播大类、文化艺术大类毕业生在 300 人及以下规模单位就业的比例更高，能源动力与材料大类、生物与化工大类、交通运输大类在 3000 人以上规模单位就业的比例更高（见图 3-6）。

图 3-6　2023 届高职各专业大类毕业生就业的用人单位规模分布

注：个别专业大类因为样本较少，没有包括在内。

资料来源：麦可思－中国 2023 届大学毕业生培养质量跟踪评价。

四　专业预警分析

专业预警旨在评估不同专业的毕业生就业情况和市场对人才的需求趋势。分析基于各专业毕业生的就业落实情况、薪资水平和就业满意度，结合国家战略和重点发展领域对人才的需求，以及高职专业布点的动态调整，综合定位"红黄绿牌"专业。

红牌专业是指就业落实率、薪资和就业满意度综合较低，且市场需求减少或增长缓慢的专业。黄牌专业是指除了红牌专业外，就业落实率、薪资和就业满意度相对较低，且市场需求增长缓慢或有下降趋势的专业。绿牌专业是指就业落实率、薪资和就业满意度综合较高，且市场需求增长的专业。

专业预警反映的是全国总体情况，由于各地区的经济结构、行业发展和教育资源分配不同，各省（区、市）、各高校的具体情况可能会有所差别。需要特别说明的是，红黄绿牌专业是基于各专业连续多年应届毕业生就业质量变化趋势综合判断，一些近年来新开设的专业，由于缺乏成规模和成趋势的毕业生数据，暂时没有被包括在内。

2024 年高职就业绿牌专业包括：新能源汽车技术、智能控制技术、电气自动化技术、应用化工技术、石油化工技术、铁道机车。其中，铁道机车专业连续三届绿牌。行业需求是造就绿牌专业的主要因素。

2024 年高职就业红牌专业包括：法律事务、美术教育、小学教育、英语教育、语文教育。其中，法律事务、小学教育、英语教育、语文教育专业连续三届红牌。这与相关专业毕业生供需矛盾有关（见表 3-7）。

表 3-7　2024 年高职"红黄绿牌"专业		
红牌专业	黄牌专业	绿牌专业
法律事务	应用英语	新能源汽车技术
美术教育	房地产经营与管理	智能控制技术
小学教育	学前教育	电气自动化技术
英语教育	音乐教育	应用化工技术
语文教育		石油化工技术
		铁道机车

资料来源：麦可思 - 中国 2021~2023 届大学毕业生培养质量跟踪评价。

B.4
2023年高职毕业生收入分析

摘　要： 2023届高职毕业生的月收入水平呈现稳中有升的趋势，平均月收入达到4683元，超过城镇居民月均可支配收入。制造业产业链集群，尤其是装备制造、化工和能源领域，显示出薪资优势。产业链高度集中的长三角地区薪资水平领先。铁道运输、电子信息和计算机类专业的毕业生在中期职场月收入排名靠前，而航空机械/电子类职业的初始月收入最高。民营企业/个体为毕业生提供了较大的薪资增长潜力，毕业三年后薪资涨幅接近70%。毕业生在选择就业时应综合考虑薪资、职业发展潜力及个人职业规划。政策制定者需关注区域和城乡发展差异，以促进经济的均衡发展。

关键词： 教育回报　薪资增长　产业链集群　区域经济　高职生

一　总体收入分析

应届高职毕业生的薪资水平在过去五年内稳中有升，2023届高职毕业生月收入[①]达到4683元，超过了同期城镇居民的月均可支配收入（4318元），与2019届相比实际涨幅为3.2%（见图4-1）。从不同院校类型来看，近五年"双高"院校、非"双高"院校毕业生毕业半年后月收入均呈上升趋势，2023届分别达到4901元、4647元（见图4-2）。

---

① 月收入：指工资、奖金、业绩提成、现金福利补贴等所有的月度现金收入。

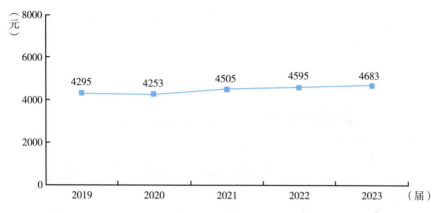

图 4-1　2019~2023 届高职毕业生毕业半年后的月收入变化趋势

资料来源：麦可思 – 中国 2019~2023 届大学毕业生培养质量跟踪评价。

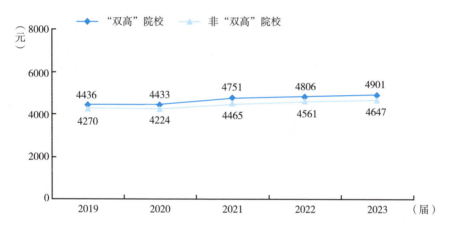

图 4-2　2019~2023 届各类高职院校毕业生毕业半年后的月收入变化趋势

资料来源：麦可思 – 中国 2019~2023 届大学毕业生培养质量跟踪评价。

高等职业教育的长期回报在毕业生步入职场三到五年后得到明显体现。从毕业生毕业三年后和毕业五年后[①]的薪资水平来看，毕业三年后的月收入达到

①　工作三年和工作五年月收入：分别指的是 2020 届大学生毕业三年后和 2018 届大学生毕业五年后的月收入。

　　三年后月收入涨幅 = （毕业三年后的月收入 – 毕业半年后的月收入）/ 毕业半年后的月收入。

　　五年后月收入涨幅 = （毕业五年后的月收入 – 毕业半年后的月收入）/ 毕业半年后的月收入。

6880元，与自身毕业半年后（4253元）相比涨幅达62%（见图4-3）；毕业五年后的月收入进一步提升至8139元，与自身毕业半年后（4112元）相比涨幅达到98%（见图4-4）。这一薪资增长趋势不仅反映出毕业生随着工作经验积累和职业技能提升而获得了更高的市场价值，也表明了高等职业教育对于个人发展和收入增长的积极影响。

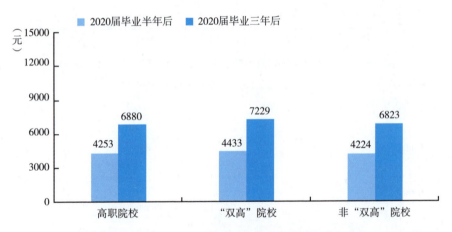

图4-3　2020届高职毕业生毕业三年后的月收入与
涨幅（与2020届毕业半年后对比）

资料来源：麦可思－中国2020届大学毕业生三年后职业发展跟踪评价；2020届大学毕业生培养质量跟踪评价。

从不同院校类型来看，"双高"院校毕业生的薪资增长表现出更为显著的优势。"双高"院校和非"双高"院校毕业生毕业三年后的月收入分别为7229元、6823元，与自身毕业时相比涨幅分别为63%、62%；工作五年后涨幅分别达到101%、97%（见图4-3、图4-4）。

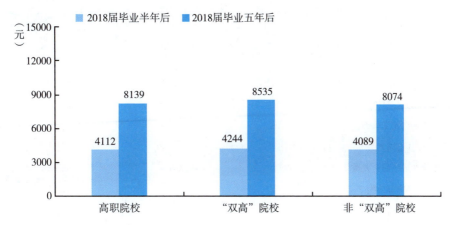

图 4-4　2018 届高职毕业生毕业五年后的月收入与涨幅（与 2018 届毕业半年后对比）

资料来源：麦可思 - 中国 2018 届大学毕业生五年后职业发展跟踪评价；2018 届大学毕业生培养质量跟踪评价。

二　各专业收入分析

制造业产业链集群发展的优势在各专业大类毕业生的薪资水平上得到了体现，具体来看，服务于装备制造产业链不同环节的装备制造大类、能源动力与材料大类、生物与化工大类近两届毕业生的月收入均位列前三，2023 届分别达到 5285 元、5262 元、5165 元；伴随着交通运输领域在 2023 年的恢复发展，交通运输大类 2023 届毕业生的月收入（5153 元）相应回升；相比之下，医药卫生大类、教育与体育大类毕业生的月收入相对较低，2023 届分别为 3947 元、3961 元（见表 4-1）。这反映了不同类型专业的市场需求和专业特性对毕业生收入水平的影响。

从 2020 届毕业三年后的月收入来看，电子信息大类、装备制造大类、交通运输大类月收入较高。此外，资源环境与安全大类月收入增长幅度较大，毕业三年后月收入（7334 元）与自身毕业半年后相比涨幅（71%）高于其他专业大类（见表 4-2）。

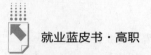
表 4-1 2021~2023 届高职各专业大类毕业半年后的月收入

单位：元

高职专业大类名称	2023 届	2022 届	2021 届
装备制造大类	5285	5256	5021
能源动力与材料大类	5262	5079	4836
生物与化工大类	5165	5041	4788
交通运输大类	5153	4972	5067
资源环境与安全大类	4971	4788	4578
电子信息大类	4874	4921	4816
新闻传播大类	4832	4718	4569
土木建筑大类	4765	4661	4504
文化艺术大类	4672	4514	4386
财经商贸大类	4661	4559	4478
食品药品与粮食大类	4646	4527	4284
旅游大类	4615	4410	4365
农林牧渔大类	4595	4560	4533
公共管理与服务大类	4458	4299	4088
教育与体育大类	3961	3807	3889
医药卫生大类	3947	3870	3820
全国高职	4683	4595	4505

注：个别专业大类因为样本较少，没有包括在内。

资料来源：麦可思－中国 2021~2023 届大学毕业生培养质量跟踪评价。

表 4-2 2020 届高职各专业大类毕业三年后的月收入与涨幅

单位：元，%

高职专业大类名称	毕业三年后的月收入	毕业半年后的月收入	月收入涨幅
电子信息大类	7636	4585	67
装备制造大类	7504	4691	60
交通运输大类	7476	4938	51
能源动力与材料大类	7340	4571	61
资源环境与安全大类	7334	4281	71
生物与化工大类	7236	4484	61

续表

高职专业大类名称	毕业三年后的月收入	毕业半年后的月收入	月收入涨幅
土木建筑大类	7192	4233	70
文化艺术大类	7063	4155	70
农林牧渔大类	6751	4235	59
财经商贸大类	6550	4199	56
医药卫生大类	6273	3687	70
旅游大类	6227	4121	51
食品药品与粮食大类	6138	4069	51
教育与体育大类	5881	3813	54
公共管理与服务大类	5847	4006	46
全国高职	6880	4253	62

注：个别专业大类因为样本较少，没有包括在内。

资料来源：麦可思－中国 2020 届大学毕业生三年后职业发展跟踪评价；2020 届大学毕业生培养质量跟踪评价。

随着制造业"智能化"持续推进，主要面向智能制造领域的自动化类专业毕业生月收入持续增长，近两届均位列第一，2023 届（5421 元）相比 2021 届的增长率（10.6%）也较高；月收入位列其后的专业类依次是机械设计制造类（5366 元）、铁道运输类（5328 元）、化工技术类（5328 元）、机电设备类（5221 元）等；另外食品工业类、公共管理类专业月收入增长也较快，2023 届（分别为 4717 元、4529 元）相比 2021 届的增长率（分别为 10.8%、10.7%）均超过 10%；康复治疗类、药学类专业月收入出现负增长，这可能与政策调整有关，如医疗服务价格和医疗保险政策的影响（见表 4-3、表 4-4、表 4-5）。

表 4-3　2021~2023 届高职主要专业类毕业半年后的月收入		

单位：元

高职专业类名称	2023 届	2022 届	2021 届
自动化类	5421	5339	4902
机械设计制造类	5366	5274	5069

续表

高职专业类名称	2023 届	2022 届	2021 届
铁道运输类	5328	5295	5280
化工技术类	5328	5145	4907
机电设备类	5221	5180	5085
航空运输类	5192	5075	5173
电子信息类	5058	5097	4807
船舶与海洋工程装备类	5057	5018	4686
电力技术类	5032	4959	4761
汽车制造类	5013	4932	4638
土建施工类	4995	4851	4580
市场营销类	4984	4869	4833
建筑设备类	4970	4808	4565
物流类	4957	4767	4705
工商管理类	4954	4801	4621
城市轨道交通类	4931	4888	4756
水上运输类	4902	4684	4714
经济贸易类	4876	4749	4572
通信类	4873	4832	4902
环境保护类	4857	4692	4590
电子商务类	4855	4780	4733
表演艺术类	4831	4632	4664
计算机类	4829	4789	4759
测绘地理信息类	4753	4543	4466
广播影视类	4745	4703	4512
道路运输类	4741	4707	4722
畜牧业类	4734	4611	4537
食品工业类	4717	4498	4259
金融类	4693	4504	4464
旅游类	4692	4413	4348
建设工程管理类	4670	4521	4426
市政工程类	4665	4646	4493

续表

高职专业类名称	2023 届	2022 届	2021 届
语言类	4664	4479	4380
艺术设计类	4636	4514	4363
药品制造类	4614	4556	4272
公共管理类	4529	4340	4091
食品药品管理类	4497	4376	4316
餐饮类	4495	4341	4385
林业类	4482	4394	4376
农业类	4419	4315	4169
财务会计类	4314	4227	4123
公共事业类	4305	4211	4028
建筑设计类	4301	4122	4007
房地产类	4248	4255	4167
医学技术类	4079	4087	4097
公共服务类	4057	4060	3852
药学类	4035	4142	4082
护理类	3963	3898	3854
康复治疗类	3806	3891	3974
教育类	3621	3515	3587
临床医学类	3572	3511	3515
全国高职	4683	4595	4505

注：个别专业类因为样本较少，没有包括在内。

资料来源：麦可思－中国 2021~2023 届大学毕业生培养质量跟踪评价。

表 4-4　2023 届高职生毕业半年后月收入增长最快的前十位专业类（与 2021 届对比）
单位：%，元

高职专业类名称	增长率[①]	2023 届	2021 届
食品工业类	10.8	4717	4259
公共管理类	10.7	4529	4091

---

① 月收入的"增长率"＝（2023 届毕业生的平均月收入－2021 届毕业生的平均月收入）/ 2021 届毕业生的平均月收入。月收入增长的幅度可能会受到基数的影响。

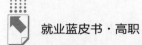

续表

高职专业类名称	增长率	2023 届	2021 届
自动化类	10.6	5421	4902
土建施工类	9.1	4995	4580
建筑设备类	8.9	4970	4565
化工技术类	8.6	5328	4907
汽车制造类	8.1	5013	4638
药品制造类	8.0	4614	4272
船舶与海洋工程装备类	7.9	5057	4686
旅游类	7.9	4692	4348
全国高职	4.0	4683	4505

注：毕业生规模过小的专业类不包括在此排序中。

资料来源：麦可思－中国 2021 届、2023 届大学毕业生培养质量跟踪评价。

表 4-5　2023 届高职生毕业半年后月收入增长最慢的前十位专业类（与 2021 届对比）
单位：%，元

高职专业类名称	增长率	2023 届	2021 届
康复治疗类	-4.2	3806	3974
药学类	-1.2	4035	4082
通信类	-0.6	4873	4902
医学技术类	-0.4	4079	4097
道路运输类	0.4	4741	4722
航空运输类	0.4	5192	5173
铁道运输类	0.9	5328	5280
教育类	0.9	3621	3587
计算机类	1.5	4829	4759
临床医学类	1.6	3572	3515
全国高职	4.0	4683	4505

注：毕业生规模过小的专业类不包括在此排序中。

资料来源：麦可思－中国 2021 届、2023 届大学毕业生培养质量跟踪评价。

　　毕业三年后铁道运输类、电子信息类、计算机类、自动化类、机械设计制造类专业月收入优势明显，临床医学类专业月收入涨幅明显。从主要专业类毕业三年后的月收入来看，铁道运输类、电子信息类、计算机类、自动化类、机械设计制造类月收入排前五位，均超过 7500 元。另外，从薪资涨幅来看，临床医学类专业毕业三年后月收入相比半年后涨幅（79%）最大（见表4-6），这与临床医学领域的特点有关，初始薪资水平较低，但伴随着工作年限与经验的积累、学历的提升以及相关技术职称的获取，收入会有较大幅度增长。

表 4-6　2020 届高职主要专业类毕业三年后的月收入与涨幅

单位：元，%

高职专业类名称	毕业三年后的月收入	毕业半年后的月收入	月收入涨幅
铁道运输类	8138	5149	58
电子信息类	7824	4587	71
计算机类	7644	4770	60
自动化类	7590	4525	68
机械设计制造类	7525	4788	57
航空运输类	7498	4993	50
测绘地理信息类	7443	4392	69
汽车制造类	7438	4391	69
土建施工类	7409	4248	74
市场营销类	7353	4532	62
机电设备类	7337	4753	54
道路运输类	7268	4525	61
化工技术类	7250	4717	54
表演艺术类	7198	4611	56
建筑设备类	7178	4315	66
通信类	7143	4526	58
艺术设计类	7002	4141	69
建设工程管理类	6985	4230	65
经济贸易类	6940	4290	62
城市轨道交通类	6906	4555	52
畜牧业类	6876	4272	61
电子商务类	6863	4513	52

续表

高职专业类名称	毕业三年后的月收入	毕业半年后的月收入	月收入涨幅
工商管理类	6792	4327	57
建筑设计类	6769	3846	76
金融类	6618	4238	56
物流类	6460	4450	45
医学技术类	6446	4035	60
药品制造类	6438	4097	57
旅游类	6330	4062	56
房地产类	6323	3980	59
语言类	6295	4353	45
护理类	6289	3765	67
餐饮类	6158	4151	48
临床医学类	5835	3258	79
财务会计类	5733	3853	49
食品工业类	5717	3900	47
教育类	5243	3450	52
全国高职	6880	4253	62

注：个别专业类因为样本较少，没有包括在内。

资料来源：麦可思－中国2020届大学毕业生三年后职业发展跟踪评价；2020届大学毕业生培养质量跟踪评价。

　　高职专业月收入50强排行榜中，铁道类专业（铁道机车、铁道交通运营管理、铁道工程技术、动车组检修技术）保持领先；此外，与智能制造、能源、原材料等领域紧密相关的专业数量较多，包括工业机器人技术、石油化工技术、机电一体化技术、焊接技术与自动化、智能控制技术等（见表4-7）。

表4-7　2023届高职生毕业半年后月收入排前50位的主要专业	
	单位：元
高职专业名称	毕业半年后的平均月收入
铁道机车	5833
铁道交通运营管理	5781

续表

高职专业名称	毕业半年后的平均月收入
铁道工程技术	5725
动车组检修技术	5611
工业机器人技术	5465
石油化工技术	5452
机电一体化技术	5446
焊接技术与自动化	5434
智能控制技术	5427
发电厂及电力系统	5415
数控技术	5368
机械制造与自动化	5360
铁道供电技术	5348
机械设计与制造	5346
民航运输	5346
工业过程自动化技术	5336
应用化工技术	5331
电气自动化技术	5329
模具设计与制造	5298
机电设备维修与管理	5253
空中乘务	5208
电子信息工程技术	5158
城市轨道交通车辆技术	5131
应用电子技术	5128
新能源汽车技术	5118
汽车营销与服务	5101
电力系统自动化技术	5086
汽车制造与装配技术	5065
航海技术	5065
城市轨道交通工程技术	5057
城市轨道交通机电技术	5019
建筑智能化工程技术	5011

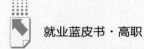

	续表
高职专业名称	毕业半年后的平均月收入
建筑工程技术	4999
无人机应用技术	4990
软件技术	4986
物联网应用技术	4984
工商企业管理	4978
信息安全与管理	4977
轮机工程技术	4977
市场营销	4971
物流管理	4966
畜牧兽医	4966
人工智能技术服务	4963
社会体育	4961
移动应用开发	4952
建筑设备工程技术	4950
通信技术	4945
道路桥梁工程技术	4906
跨境电子商务	4897
工程机械运用技术	4893
全国高职	4683

注：毕业生规模过小的专业不包括在此排序中。

资料来源：麦可思－中国 2023 届大学毕业生培养质量跟踪评价。

三 就业地收入分析

区域经济发展水平和产业结构是影响薪资水平的重要因素。东部地区由于经济发展较早、产业集群效应明显，且对外开放程度较高，因此就业市场的薪资水平普遍高于其他地区。2023 届在东部地区就业的高职毕业生月收入达到 5070 元，且毕业三年后的薪资水平与涨幅上也呈现优势（见表 4-8、表 4-9）。

从三大经济区域来看，长三角地区因其独特的经济地位和产业优势，在就业市场上展现出显著的薪资领先地位。在长三角地区就业的高职毕业生在毕业半年后、三年后的月收入均保持领先，这也反映了该地区对技术技能人才的高需求（见表 4-10、表 4-11）。

表 4-8 2021~2023 届高职生毕业半年后在各区域就业的月收入变化趋势			
			单位：元
各区域	2023 届	2022 届	2021 届
东部地区	5070	4949	4894
西部地区	4304	4280	4268
中部地区	4278	4174	4071
东北地区	4262	4218	4011
全国高职	4683	4595	4505

资料来源：麦可思－中国 2021~2023 届大学毕业生培养质量跟踪评价。

表 4-9 2020 届高职生毕业三年后在各区域就业的月收入与涨幅			
			单位：元，%
各区域	毕业三年后的月收入	毕业半年后的月收入	月收入涨幅
东部地区	7592	4627	64
西部地区	6516	3971	64
中部地区	6197	3852	61
东北地区	6046	3751	61
全国高职	6880	4253	62

资料来源：麦可思－中国 2020 届大学毕业生三年后职业发展跟踪评价；2020 届大学毕业生培养质量跟踪评价。

表 4-10 2021~2023 届高职生毕业半年后在三大经济区域就业的月收入变化趋势			
			单位：元
三大经济区域	2023 届	2022 届	2021 届
长三角地区	5273	5112	5064
珠三角地区	5018	4846	4748
京津冀地区	4923	4774	4721
全国高职	4683	4595	4505

资料来源：麦可思－中国 2021~2023 届大学毕业生培养质量跟踪评价。

表 4-11　2020 届高职生毕业三年后在三大经济区域就业的月收入与涨幅

单位：元，%

三大经济区域	毕业三年后的月收入	毕业半年后的月收入	月收入涨幅
长三角地区	7722	4828	60
珠三角地区	7427	4503	65
京津冀地区	7146	4473	60
全国高职	6880	4253	62

资料来源：麦可思－中国 2020 届大学毕业生三年后职业发展跟踪评价；2020 届大学毕业生培养质量跟踪评价。

近五年来，应届高职毕业生在一线城市就业的月收入趋于平稳，在新一线城市就业的月收入增长更快，2023 届毕业生在一线城市的月收入为 5724 元，在新一线城市的月收入为 4953 元，相比 2019 届分别增长了 8%、12%（见图 4-5）。

图 4-5　2019~2023 届高职生毕业半年后在一线、新一线城市就业的月收入变化趋势
资料来源：麦可思－中国 2019~2023 届大学毕业生培养质量跟踪评价。

进一步观察毕业三年后的薪资情况，一线城市、新一线城市的月收入分别达到 8931 元、7243 元，相比刚毕业时的涨幅分别为 69%、63%（见图 4-6），薪资、涨幅均高于全国高职平均水平。

一线城市和新一线城市的薪资增长情况表明，这些地区对于毕业生而言是具有较强吸引力的就业地，毕业生选择在这些城市发展职业生涯可以获得更高的薪资回报和更多的职业发展机会。当然，与此同时，高职毕业生的就业地仍以二线、三线城市和基层为主，这也提示政策制定者需更加关注区域、城乡发展差异，进一步促进经济的均衡发展。

图 4-6　2020 届高职生毕业三年后在一线、新一线城市就业的月收入

资料来源：麦可思－中国 2020 届大学毕业生三年后职业发展跟踪评价；2020 届大学毕业生培养质量跟踪评价。

四　行业、职业收入分析

运输业月收入持续排在第一，2023 届达到 5688 元；装备制造、化工、能源等领域的月收入增长较快，其中交通运输设备制造业月收入排名上升较快，2023 届月收入达到 5489 元，仅次于运输业排在第二位，这与新能源汽车产业的快速发展密切相关（见表 4-12）。

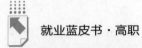

高职行业类名称	2023届	2022届	2021届
运输业	5688	5524	5520
交通运输设备制造业	5489	5169	4811
化学品、化工、塑胶制造业	5469	5191	4807
电子电气设备制造业（含计算机、通信、家电等）	5310	5294	4982
机械设备制造业	5287	5176	4912
采矿业	5264	4947	4587
电力、热力、燃气及水生产和供应业	5213	5087	4807
金属冶炼和压延加工业	5207	5091	4860
邮递、物流及仓储业	5120	4957	4775
其他制造业	4972	4812	4663
信息传输、软件和信息技术服务业	4918	5014	5023
金融业	4849	4834	4731
纺织、服装、皮革制造业	4839	4592	4432
文化、体育和娱乐业	4828	4810	4651
批发业	4744	4718	4554
农、林、牧、渔业	4736	4692	4497
建筑业	4719	4421	4360
家具制造业	4689	4488	4468
零售业	4611	4524	4524
房地产开发及租赁业	4594	4556	4449
玻璃黏土、石灰水泥制品业	4572	4496	4319
食品、烟草、加工业	4570	4406	4332
医药及设备制造业	4557	4579	4495
行政、商业和环境保护辅助业	4488	4335	4331
住宿和餐饮业	4487	4305	4238
各类专业设计与咨询服务业	4410	4378	4241
居民服务、修理和其他服务业	4360	4275	4267
政府及公共管理	4091	3975	3861
医疗和社会护理服务业	3909	3812	3768
教育业	3680	3621	3690
全国高职	4683	4595	4505

表 4-12　2021~2023届高职生毕业半年后在主要行业类的月收入

单位：元

注：个别行业类因为样本较少，没有包括在内。

资料来源：麦可思－中国2021~2023届大学毕业生培养质量跟踪评价。

从月收入增长较快和较慢的行业类来看，采矿业，交通运输设备制造业，化学品、化工、塑胶制造业的月收入增长明显，与 2021 届相比月收入增长率分别为 14.8%、14.1%、13.8%，这与相关行业的技术创新升级、国家和地方对基础设施建设的投入、产业优化升级等因素有关（见表 4-13）。

信息传输、软件和信息技术服务业的月收入出现负增长，2023 届与 2021 届相比下降了 2.1%，这可能与互联网产业结构优化调整、岗位供需变化等因素有关（见表 4-14）。

表 4-13　2023 届高职生毕业半年后月收入增长最快的前五位行业类（与 2021 届对比）

单位：%，元

高职行业类名称	增长率	2023 届	2021 届
采矿业	14.8	5264	4587
交通运输设备制造业	14.1	5489	4811
化学品、化工、塑胶制造业	13.8	5469	4807
纺织、服装、皮革制造业	9.2	4839	4432
电力、热力、燃气及水生产和供应业	8.4	5213	4807
全国高职	4.0	4683	4505

注：毕业生规模过小的行业类不包括在此排序中。

资料来源：麦可思－中国 2021 届、2023 届大学毕业生培养质量跟踪评价。

表 4-14　2023 届高职生毕业半年后月收入增长最慢的前五位行业类（与 2021 届对比）

单位：%，元

高职行业类名称	增长率	2023 届	2021 届
信息传输、软件和信息技术服务业	−2.1	4918	5023
教育业	−0.3	3680	3690
医药及设备制造业	1.4	4557	4495
零售业	1.9	4611	4524
居民服务、修理和其他服务业	2.2	4360	4267
全国高职	4.0	4683	4505

注：毕业生规模过小的行业类不包括在此排序中。

资料来源：麦可思－中国 2021 届、2023 届大学毕业生培养质量跟踪评价。

从毕业生职场中期的月收入情况来看，排在前三位的依次是"信息传输、软件和信息技术服务业""文化、体育和娱乐业""金融业"，2020届毕业三年后的月收入分别为8405元、7637元、7633元。从月收入涨幅来看，"信息传输、软件和信息技术服务业""医疗和社会护理服务业"的涨幅较大，分别为74%、73%（见表4-15）。

表 4-15　2020届高职生毕业三年后在主要行业类的月收入与涨幅

单位：元，%

高职行业类名称	毕业三年后的平均月收入	毕业半年后的平均月收入	月收入涨幅
信息传输、软件和信息技术服务业	8405	4818	74
文化、体育和娱乐业	7637	4444	72
金融业	7633	4583	67
运输业	7536	5408	39
医药及设备制造业	7509	4376	72
交通运输设备制造业	7473	4587	63
电子电气设备制造业（含计算机、通信、家电等）	7460	4707	58
零售业	7241	4315	68
批发业	7154	4396	63
采矿业	7085	4298	65
机械设备制造业	6990	4567	53
建筑业	6951	4049	72
化学品、化工、塑胶制造业	6943	4472	55
其他制造业	6884	4478	54
邮递、物流及仓储业	6856	4535	51
农、林、牧、渔业	6848	4219	62
电力、热力、燃气及水生产和供应业	6821	4530	51
房地产开发及租赁业	6816	4391	55
各类专业设计与咨询服务业	6770	3995	69
家具制造业	6718	4336	55
住宿和餐饮业	6570	3966	66
纺织、服装、皮革制造业	6419	4151	55
食品、烟草、加工业	6396	4151	54
医疗和社会护理服务业	6184	3579	73

高职行业类名称	毕业三年后的平均月收入	毕业半年后的平均月收入	月收入涨幅
居民服务、修理和其他服务业	5965	3987	50
行政、商业和环境保护辅助业	5711	4073	40
教育业	5661	3669	54
政府及公共管理	5298	3726	42
全国高职	6880	4253	62

注：个别行业类因为样本较少，没有包括在内。

资料来源：麦可思－中国 2020 届大学毕业生三年后职业发展跟踪评价；2020 届大学毕业生培养质量跟踪评价。

月收入排名前十的行业中，铁路、航空运输领域保持领先。具体来看，2023 届铁路运输业、航空运输服务业薪资水平（分别为 6240 元、6153 元）位列前二；装备制造领域整体薪资水平也较高，其中铁路运输及城市轨道交通设备制造业较为突出，薪资水平位列第三（见图 4-7）。

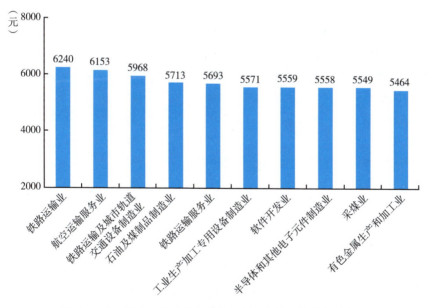

图 4-7　2023 届高职生毕业半年后月收入最高的前十位行业

注：毕业生规模过小的行业不包括在此排序中。

资料来源：麦可思－中国 2023 届大学毕业生培养质量跟踪评价。

航空机械/电子类职业月收入最高，矿山/石油、电力/能源类职业月收入增长最快。从2023届从事不同职业类毕业生的月收入来看，航空机械/电子类职业（5760元）位列第一；矿山/石油、电力/能源类职业月收入增长较为明显，2023届比2021届均增长了13.6%；幼儿与学前教育类职业月收入较低且呈现负增长，2023届比2021届下降了5.2%，这在一定程度上与学前教育领域整体用人需求受到过去几年低出生率的影响有关（见表4-16、表4-17、表4-18）。

表4-16　2021~2023届高职生毕业半年后从事的主要职业类的月收入

单位：元

高职职业类名称	2023届	2022届	2021届
航空机械/电子	5760	5634	5420
矿山/石油	5753	5424	5064
经营管理	5519	5415	5259
交通运输/邮电	5485	5358	5382
生物/化工	5444	5179	4820
电气/电子（不包括计算机）	5428	5466	5043
机械/仪器仪表	5414	5118	4873
电力/能源	5386	5065	4742
生产/运营	5235	5184	4943
表演艺术/影视	5147	5088	5019
物流/采购	5120	4986	4716
工业安全与质量	5101	4870	4586
计算机与数据处理	5087	5222	5082
互联网开发及应用	5085	5223	5062
金融（银行/基金/证券/期货/理财）	4948	4713	4686
机动车机械/电子	4919	4672	4462
文化/体育	4855	4592	4460
媒体/出版	4852	4816	4716
房地产经营	4812	4704	4797
服装/纺织/皮革	4795	4553	4469

续表

高职职业类名称	2023 届	2022 届	2021 届
测绘	4761	4688	4505
农 / 林 / 牧 / 渔类	4723	4608	4526
建筑工程	4713	4576	4479
保险	4691	4632	4635
销售	4651	4558	4596
美容 / 健身	4650	4598	4729
环境保护	4648	4429	4307
餐饮 / 娱乐	4493	4325	4352
美术 / 设计 / 创意	4484	4379	4180
人力资源	4430	4384	4288
职业培训 / 其他教育	4397	4245	4409
公安 / 检察 / 法院 / 经济执法	4297	4109	4086
行政 / 后勤	4287	4177	4091
酒店 / 旅游 / 会展	4221	4033	4037
财务 / 审计 / 税务 / 统计	4197	3995	3888
社区工作者	3915	3860	3869
医疗保健 / 紧急救助	3877	3807	3744
中小学教育	3694	3599	3765
幼儿与学前教育	3208	3209	3384
全国高职	4683	4595	4505

注：个别职业类因为样本较少，没有包括在内。

资料来源：麦可思－中国 2021~2023 届大学毕业生培养质量跟踪评价。

表 4-17　2023 届高职生毕业半年后月收入增长最快的前十位职业类（与 2021 届对比）
单位：%，元

高职职业类名称	增长率	2023 届	2021 届
矿山 / 石油	13.6	5753	5064
电力 / 能源	13.6	5386	4742
生物 / 化工	12.9	5444	4820
工业安全与质量	11.2	5101	4586

续表

高职职业类名称	增长率	2023届	2021届
机械 / 仪器仪表	11.1	5414	4873
机动车机械 / 电子	10.2	4919	4462
文化 / 体育	8.9	4855	4460
物流 / 采购	8.6	5120	4716
财务 / 审计 / 税务 / 统计	7.9	4197	3888
环境保护	7.9	4648	4307
全国高职	4.0	4683	4505

注：毕业生规模过小的职业类不包括在此排序中。

资料来源：麦可思－中国2021届、2023届大学毕业生培养质量跟踪评价。

表4-18　2023届高职生毕业半年后月收入增长最慢的前十位职业类（与2021届对比）

单位：%，元

高职职业类名称	增长率	2023届	2021届
幼儿与学前教育	−5.2	3208	3384
中小学教育	−1.9	3694	3765
美容 / 健身	−1.7	4650	4729
职业培训 / 其他教育	−0.3	4397	4409
计算机与数据处理	0.1	5087	5082
房地产经营	0.3	4812	4797
互联网开发及应用	0.5	5085	5062
社区工作者	1.2	3915	3869
销售	1.2	4651	4596
保险	1.2	4691	4635
全国高职	4.0	4683	4505

注：毕业生规模过小的职业类不包括在此排序中。

资料来源：麦可思－中国2021届、2023届大学毕业生培养质量跟踪评价。

从2020届不同职业类毕业生毕业三年后的月收入来看，排在前三位的分别是经营管理、互联网开发及应用、计算机与数据处理，毕业三年后月收入均超过8500元。从薪资涨幅来看，互联网开发及应用类职业毕业三年后薪资涨幅（80%）最大（见表 4-19）。反映了这些职业在数字经济中的重要作用，也和相关领域的快速发展与技术创新紧密相关。

表 4-19　2020 届高职生毕业三年后从事的主要职业类的月收入与涨幅		
		单位：元，%
高职职业类名称	毕业三年后的平均月收入	毕业半年后的平均月收入	月收入涨幅
经营管理	8845	5136	72
互联网开发及应用	8806	4894	80
计算机与数据处理	8529	4873	75
销售	7788	4376	78
房地产经营	7477	4708	59
金融（银行/基金/证券/期货/理财）	7363	4560	61
媒体/出版	7334	4379	67
电气/电子（不包括计算机）	7294	4749	54
交通运输/邮电	7269	5247	39
生物/化工	7241	4469	62
机械/仪器仪表	7198	4522	59
电力/能源	7198	4470	61
建筑工程	7172	4213	70
美术/设计/创意	7156	3993	79
表演艺术/影视	7110	4732	50
测绘	7090	4208	68
生产/运营	7077	4550	56
农/林/牧/渔类	6859	4203	63
工业安全与质量	6739	4407	53
机动车机械/电子	6705	4204	59
环境保护	6637	4078	63
职业培训/其他教育	6594	4284	54
餐饮/娱乐	6564	4043	62
物流/采购	6518	4509	45

续表

高职职业类名称	毕业三年后的平均月收入	毕业半年后的平均月收入	月收入涨幅
保险	6454	4391	47
医疗保健/紧急救助	6355	3554	79
人力资源	6315	4175	51
酒店/旅游/会展	5936	3966	50
财务/审计/税务/统计	5765	3793	52
公安/检察/法院/经济执法	5665	3957	43
中小学教育	5125	3644	41
行政/后勤	5072	3872	31
幼儿与学前教育	4954	3293	50
社区工作者	4662	3769	24
全国高职	6880	4253	62

注：个别职业类因为样本较少，没有包括在内。

资料来源：麦可思－中国 2020 届大学毕业生三年后职业发展跟踪评价；2020 届大学毕业生培养质量跟踪评价。

　　铁路运输、数字技术、智能制造等相关岗位月收入排名靠前，其中列车司机的月收入最高，2023 届为 5950 元；另外，部分新兴职业从业人员的月收入也较高，包括直播销售人员（5759 元）、工业机器人系统操作人员（5738元）等（见表 4-20）。

表 4-20　2023 届高职生毕业半年后月收入最高的前 50 位职业

单位：元

职业名称	毕业半年后的平均月收入
列车司机	5950
铁路闸、铁路信号和转辙器操作人员	5942
互联网开发人员	5930
工业工程技术人员	5808
化工厂系统操作人员	5801
铁轨铺设及维护设备操作人员	5767

职业名称	毕业半年后的平均月收入
直播销售人员	5759
工业机器人系统操作人员	5738
电气工程技术人员	5713
生产经营一线主管	5698
运营经理	5693
销售经理	5692
工业互联网工程技术人员	5672
市场经理	5642
半导体加工人员	5576
计算机程序员	5559
材料工程技术人员	5556
产品安全工程技术人员	5547
工业机械技术人员	5543
电子工程技术人员	5512
交通技术人员	5485
机械技术人员	5475
机械工程技术人员	5472
化学设备操作和管理人员	5467
机电技术人员	5451
电子和电气设备装配技术人员	5445
航空维护与操作技术人员	5418
行政经理	5412
仓储主管	5405
健身教练和健身操指导员	5394
采矿工程技术人员	5352
汽车零部件技术人员	5337
养殖家禽和家畜的农业技术人员	5328
机械装配技术人员	5324
电工技术人员	5322
船舶工程技术人员	5312

续表

职业名称	毕业半年后的平均月收入
电气和电子运输设备安装和修理技术人员	5291
包装机、装料机操作和管理人员	5281
电厂操作人员	5277
摄影师	5259
加工金属或塑料的数控机床操作维护人员	5254
体育教练	5200
发电站、变电站和中继站的电子和电气修理技术人员	5195
计算机售前、售后技术支持人员	5176
银行信贷员	5169
输电线安装修理技术人员	5167
新媒体策划、编辑、运营人员	5166
餐饮服务主管	5158
生产计划管理员	5155
工厂设备安装技术人员	5153
全国高职	4683

注：毕业生规模过小的职业不包括在此排序中。

资料来源：麦可思－中国 2023 届大学毕业生培养质量跟踪评价。

五　用人单位收入分析

　　中外合资 / 外资 / 独资企业、国有企业初始薪资水平较高；毕业三年后，民营企业 / 个体薪资涨幅最大。具体来看，2023 届在中外合资 / 外资 / 独资企业、国有企业就业毕业生的初始薪资分别为 5200 元、5194 元（见图 4-8）。毕业三年后，中外合资 / 外资 / 独资企业的月收入（7545 元）保持最高，民营企业 / 个体薪资涨幅（69%）最为明显（见图 4-9）。上述情况可能与民营企业 / 个体的灵活性、创新能力和快速适应市场变化的能力有关，这对于推动经济发展、促进就业和激发市场活力具有重要作用。

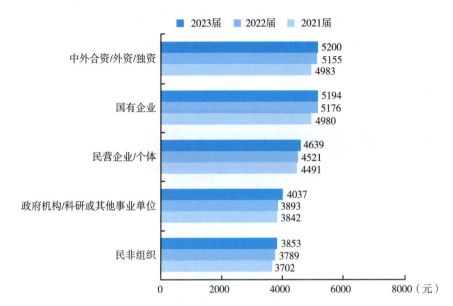

图 4-8　2021~2023 届高职生毕业半年后在各类型用人单位的月收入

资料来源：麦可思 - 中国 2021~2023 届大学毕业生培养质量跟踪评价。

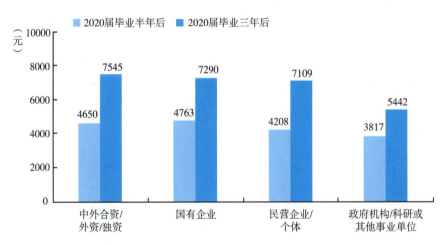

图 4-9　2020 届高职生毕业三年后在各类型用人单位的月收入

注：民非组织因为样本较少，没有包括在内。

资料来源：麦可思 - 中国 2020 届大学毕业生三年后职业发展跟踪评价；2020 届大学毕业生培养质量跟踪评价。

从毕业初期和中期来看，企业规模与薪资水平呈现正相关关系，即企业规模越大，提供的薪资水平越高，这可能与大企业通常拥有更稳定的财务状况、更完善的薪酬体系和更丰富的资源有关。2023届高职毕业生在3000人以上规模用人单位的薪资水平最高，达到5583元（见图4-10）。毕业三年后，50人及以下规模用人单位的薪资涨幅（70%）最大（见图4-11）。

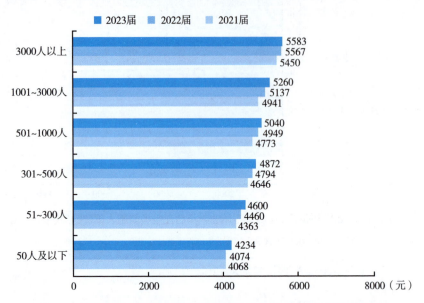

图4-10　2021~2023届高职生毕业半年后在各规模用人单位的月收入

资料来源：麦可思-中国2021~2023届大学毕业生培养质量跟踪评价。

图4-11　2020届高职生毕业三年后在各规模用人单位的月收入

资料来源：麦可思-中国2020届大学毕业生三年后职业发展跟踪评价；2020届大学毕业生培养质量跟踪评价。

B.5
2023 年高职毕业生就业满意度分析

摘　要： 2023 届高职毕业生的就业满意度提升至 78%，与本科生就业满意度持平，这一上升趋势反映了就业指导和政策支持的有效性。数据显示，体制内稳定工作领域、涉农、新媒体文娱以及高端装备制造业的就业满意度较高，而传统工业和服务业的满意度相对较低。在地域上，东部地区的就业满意度保持领先，东北地区紧随其后，两者差距不断缩小。值得注意的是，新一线城市的高职毕业生就业满意度快速提升，已追平一线城市，这与新一线城市的产业发展和人才吸引政策密切相关。薪资水平依然是毕业生求职过程中最看重的因素，但工作环境稳定性、工作与生活平衡性等方面也是影响就业感受的重要因素，在选择工作时需综合考量。

关键词： 就业满意度　就业指导　就业质量　职业期望　高职生

一　总体就业满意度

应届高职毕业生的就业满意度[①]显著提升。从近五年的数据来看，高职毕业生的就业满意度从 2019 届的 66% 上升至 2023 届的 78%（见图 5-1）。从不同院校类型来看，"双高"院校、非"双高"院校毕业生的就业满意度均呈上升趋势，2023 届分别达到 81%、78%（见图 5-2）。

[①] 就业满意度：由就业的毕业生对自己目前的就业现状进行主观判断，选项有"很满意""满意""不满意""很不满意""无法评估"五项。其中，选择"满意"和"很满意"的人属于对就业现状满意，选择"不满意"和"很不满意"的人属于对就业现状不满意。

上述情况反映出政府和学校提供的就业指导、职业规划服务和就业政策支持整体上帮助毕业生更好地了解了市场趋势，提升了就业满意度。与此同时，学校更加注重了专业设置与市场、产业需求的对接，提升了毕业生的就业竞争力和工作适配度。

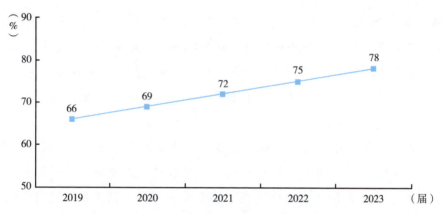

图 5-1 2019~2023 届高职生毕业半年后的就业满意度变化趋势

资料来源：麦可思－中国 2019~2023 届大学毕业生培养质量跟踪评价。

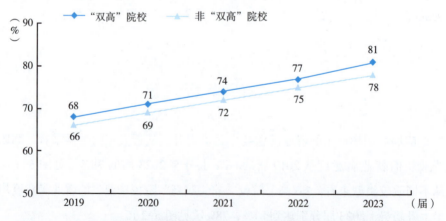

图 5-2 2019~2023 届各类高职院校毕业生毕业半年后的就业满意度变化趋势

资料来源：麦可思－中国 2019~2023 届大学毕业生培养质量跟踪评价。

随着时间的推移和工作经验的积累，毕业生对于自身职业发展和工作环境的满意度得到进一步提升。具体来看，2020 届高职毕业生在毕业半年后的就业满意度为 69%，毕业三年后上升了 4 个百分点，达到 73%。从不同院校类型来看，"双高"院校毕业生毕业三年后的就业满意度（77%）相对较高；非"双高"院校毕业生毕业三年后的就业满意度为 72%（见图 5-3）。

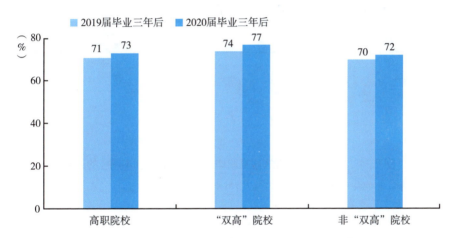

图 5-3　2019 届、2020 届高职毕业生毕业三年后的就业满意度

资料来源：麦可思－中国 2019 届、2020 届大学毕业生三年后职业发展跟踪评价。

毕业生在求职过程中最看重的是薪资水平，其次是职业发展空间。具体来看，2023 届对就业不满意的高职毕业生中，有 73% 是因为收入低，有 45% 是因为发展空间不够（见图 5-4）。这也提示，毕业生需理性评估自身职业期望和市场需求，积极提升个人能力，以适应就业市场的变化。同时，学校和政策制定者也需提供更具针对性的职业发展指导并不断优化教育培训，从而帮助毕业生更好地适应职场、实现职业目标。

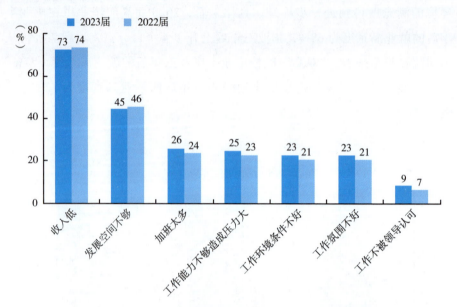

图 5-4　2022 届、2023 届高职毕业生对就业现状不满意的原因

资料来源：麦可思－中国 2022 届、2023 届大学毕业生培养质量跟踪评价。

二　各专业就业满意度

2023 届各专业大类的就业满意度普遍有所提升。具体来看，能源动力与材料大类、生物与化工大类就业满意度并列第一，且近三届呈现持续上升的趋势，2023 届均达到 82%；旅游大类就业满意度位列第二，2023 届为 81%（见表 5-1）。

从毕业三年后来看，教育与体育大类、农林牧渔大类的就业满意度并列第一，均为 77%（见表 5-2）。随着工作经验的积累和职业发展，这些专业的毕业生对自身职业生涯感到更加满意。

表 5-1　2021~2023 届高职各专业大类毕业半年后的就业满意度

单位：%

高职专业大类名称	2023 届	2022 届	2021 届
能源动力与材料大类	82	78	73
生物与化工大类	82	79	75
旅游大类	81	77	73
农林牧渔大类	80	78	74
财经商贸大类	80	76	72
交通运输大类	79	76	74
装备制造大类	78	75	72
土木建筑大类	77	74	72
文化艺术大类	77	74	72
电子信息大类	77	74	71
资源环境与安全大类	77	74	70
食品药品与粮食大类	77	74	73
公共管理与服务大类	77	73	70
新闻传播大类	76	73	71
教育与体育大类	75	73	72
医药卫生大类	75	71	68
全国高职	78	75	72

注：个别专业大类因为样本较少，没有包括在内。

资料来源：麦可思－中国 2021~2023 届大学毕业生培养质量跟踪评价。

表 5-2　2019 届、2020 届高职各专业大类毕业三年后的就业满意度

单位：%

高职专业大类名称	2020 届毕业三年后	2019 届毕业三年后
教育与体育大类	77	76
农林牧渔大类	77	74
财经商贸大类	76	73
食品药品与粮食大类	75	75
文化艺术大类	75	74
旅游大类	74	70

续表

高职专业大类名称	2020届毕业三年后	2019届毕业三年后
交通运输大类	73	72
生物与化工大类	72	69
电子信息大类	71	71
装备制造大类	71	69
公共管理与服务大类	71	68
土木建筑大类	71	69
能源动力与材料大类	71	69
医药卫生大类	70	69
资源环境与安全大类	68	65
全国高职	73	71

注：个别专业大类因为样本较少，没有包括在内。

资料来源：麦可思－中国2019届、2020届大学毕业生三年后职业发展跟踪评价。

毕业半年后就业满意度排名靠前的30个专业中，铁道运输类专业数量较多且排名普遍靠前。具体来看，铁道供电技术专业的就业满意度（84%）最高，铁道交通运营管理、动车组检修技术（均为82%）并列第三位（见表5-3）。较高的收入水平是促使其就业满意度高的重要因素。

从毕业三年后的数据来看，畜牧业类、经济贸易类专业就业满意度并列第一，均为79%（见表5-4）。

表5-3 2023届高职生毕业半年后就业满意度排前30位的主要专业

单位：%

高职专业名称	就业满意度
铁道供电技术	84
国际贸易实务	83
铁道交通运营管理	82
工业过程自动化技术	82
动车组检修技术	82
空中乘务	81

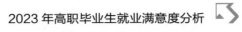

高职专业名称	就业满意度
	续表
铁道机车	81
酒店管理	81
畜牧兽医	81
石油化工技术	81
工业分析技术	81
国际经济与贸易	81
建筑智能化工程技术	80
市场营销	80
园艺技术	80
供用电技术	80
铁道工程技术	80
会计	80
导游	80
水利工程	80
商务英语	80
应用化工技术	80
眼视光技术	80
电力系统自动化技术	79
汽车营销与服务	79
电子商务	79
园林技术	79
电气自动化技术	79
通信技术	79
汽车运用与维修技术	79
全国高职	78

注：毕业生规模过小的专业不包括在此排序中。

资料来源：麦可思－中国 2023 届大学毕业生培养质量跟踪评价。

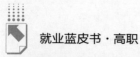

表 5-4 2020 届高职主要专业类毕业三年后的就业满意度	
	单位：%
高职专业类名称	就业满意度
畜牧业类	79
经济贸易类	79
航空运输类	78
教育类	78
市场营销类	77
药品制造类	77
语言类	76
艺术设计类	76
电子商务类	76
食品工业类	76
财务会计类	75
旅游类	75
铁道运输类	75
医学技术类	74
表演艺术类	74
汽车制造类	73
化工技术类	73
护理类	73
道路运输类	72
电子信息类	72
金融类	72
工商管理类	72
建设工程管理类	72
土建施工类	71
计算机类	71
城市轨道交通类	71
物流类	71
餐饮类	71
机械设计制造类	71
通信类	71

续表

高职专业类名称	就业满意度
自动化类	70
房地产类	70
临床医学类	69
测绘地理信息类	69
建筑设备类	68
建筑设计类	66
机电设备类	66
全国高职	73

注：个别专业类因为样本较少，没有包括在内。

资料来源：麦可思－中国 2020 届大学毕业生三年后职业发展跟踪评价。

三　地区就业满意度

东部地区就业满意度保持领先，东北地区与东部地区差距不断缩小直至追平。2023 届毕业生在东部地区和东北地区的就业满意度均为 79%；从近三年的变化趋势来看，毕业生在各地区的就业满意度均逐年提升（见表 5-5）。

从三大经济区域来看，毕业生在京津冀地区的就业满意度相对较高，2023 届为 80%（见表 5-6）。

除收入外，就业环境与稳定性、工作与生活的平衡性等方面也是影响就业感受的重要因素。毕业生可结合自身性格、生活方式偏好、个人规划等方面的考虑有所取舍。

表 5-5　2021~2023 届高职生毕业半年后在各区域的就业满意度变化趋势

单位：%

各区域	2023 届	2022 届	2021 届
东部地区	79	76	74
东北地区	79	75	72
中部地区	77	73	69
西部地区	76	72	69

			续表
各区域	2023 届	2022 届	2021 届
全国高职	78	75	72

资料来源：麦可思－中国 2021~2023 届大学毕业生培养质量跟踪评价。

表 5-6　2021~2023 届高职生毕业半年后在三大经济区域的就业满意度变化趋势

单位：%

三大经济区域	2023 届	2022 届	2021 届
京津冀地区	80	77	75
长三角地区	78	75	73
珠三角地区	77	73	72
全国高职	78	75	72

资料来源：麦可思－中国 2021~2023 届大学毕业生培养质量跟踪评价。

近年来，新一线城市的特色优势产业不断发展，高职毕业生在新一线城市的薪资水平上升较快，同时就业满意度也持续提升，且提升速度较快，2023 届（78%）已追平一线城市（见图 5-5）。新一线城市虽然起步较晚，但近年来通过政策引导和市场机制，也在积极吸引人才，提供更多的就业机会和更好的生活条件，从而提升了毕业生的从业幸福感。

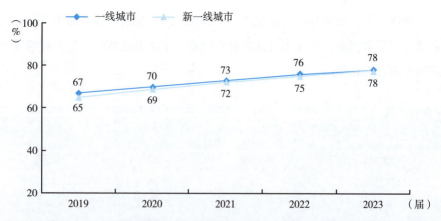

图 5-5　2019~2023 届高职生毕业半年后在一线、新一线城市的就业满意度变化趋势

资料来源：麦可思－中国 2019~2023 届大学毕业生培养质量跟踪评价。

四　行业、职业就业满意度

毕业生就业满意度的高低与所在行业的特点紧密相关。从毕业初期和毕业三年后的数据来看，满意度较高的行业主要集中在体制内提供稳定工作的领域，以及涉农领域、新媒体文娱领域、运输业领域等（见图 5-6、图 5-8）。

相比之下，采矿、炼金、建筑等传统第二产业以及房地产、住宿餐饮、居民服务等传统服务业的满意度相对较低（见图 5-7、图 5-9）。这可能与相关行业的工作环境较为艰苦、工作强度大、职业发展空间有限以及当前市场面临的挑战（如经济波动、行业竞争加剧等）有关。这些因素可能导致毕业生在相关行业的工作体验不如预期，从而影响了就业满意度。

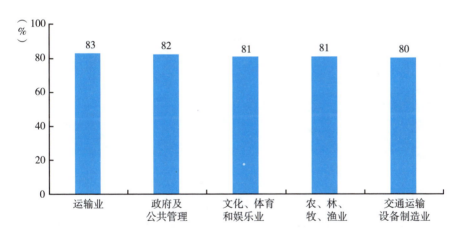

图 5-6　2023 届高职生毕业半年后就业满意度最高的前五位行业类

注：毕业生规模过小的行业类不包括在此排序中。

资料来源：麦可思－中国 2023 届大学毕业生培养质量跟踪评价。

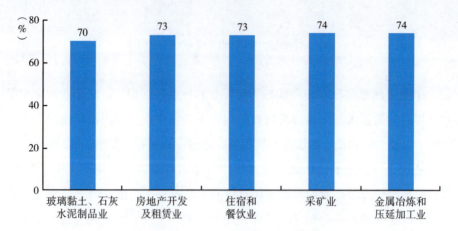

图 5-7　2023 届高职生毕业半年后就业满意度最低的前五位行业类

注：毕业生规模过小的行业类不包括在此排序中。

资料来源：麦可思－中国 2023 届大学毕业生培养质量跟踪评价。

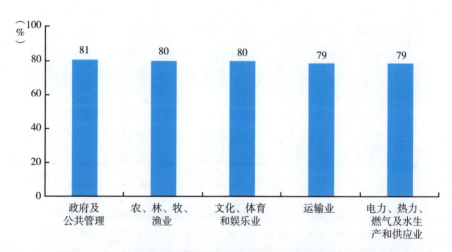

图 5-8　2020 届高职生毕业三年后就业满意度最高的前五位行业类

注：毕业生规模过小的行业类不包括在此排序中。

资料来源：麦可思－中国 2020 届大学毕业生三年后职业发展跟踪评价。

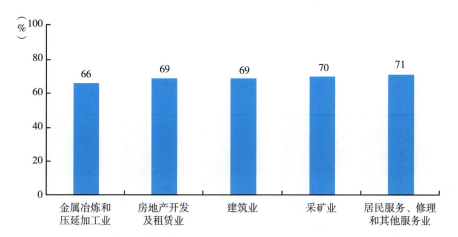

图 5-9　2020 届高职生毕业三年后就业满意度最低的前五位行业类

注：毕业生规模过小的行业类不包括在此排序中。

资料来源：麦可思 - 中国 2020 届大学毕业生三年后职业发展跟踪评价。

　　毕业生就业满意度的高低与他们从事的具体职业紧密相关。根据分析，满意度较高的职业主要与交通运输、数字技术、涉农技术、经营管理、电力能源、教育相关，这些职业或薪资水平较高，或工作环境稳定，或具有较强的个人成就感。相比之下，房地产经营、保险等传统服务类岗位以及采矿、测绘等工作环境较为艰苦岗位的就业满意度偏低（见图 5-10、图 5-11、图 5-12、图 5-13）。

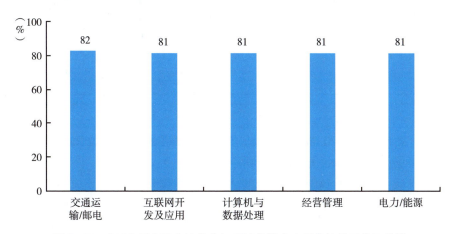

图 5-10　2023 届高职生毕业半年后就业满意度最高的前五位职业类

注：毕业生规模过小的职业类不包括在此排序中。

资料来源：麦可思 - 中国 2023 届大学毕业生培养质量跟踪评价。

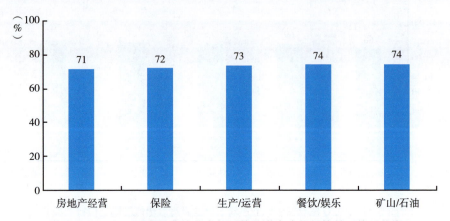

图 5-11　2023 届高职生毕业半年后就业满意度最低的前五位职业类

注：毕业生规模过小的职业类不包括在此排序中。

资料来源：麦可思 – 中国 2023 届大学毕业生培养质量跟踪评价。

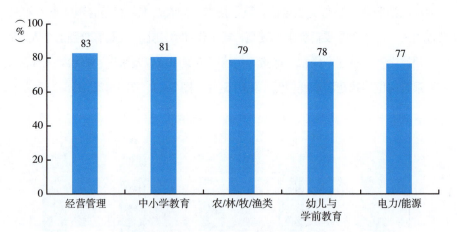

图 5-12　2020 届高职生毕业三年后就业满意度最高的前五位职业类

注：毕业生规模过小的职业类不包括在此排序中。

资料来源：麦可思 – 中国 2020 届大学毕业生三年后职业发展跟踪评价。

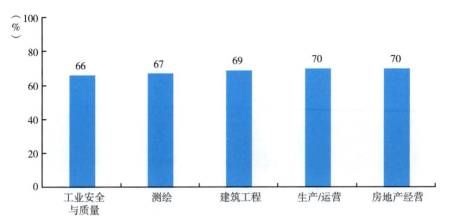

图 5-13　2020 届高职生毕业三年后就业满意度最低的前五位职业类

注：毕业生规模过小的职业类不包括在此排序中。

资料来源：麦可思 – 中国 2020 届大学毕业生三年后职业发展跟踪评价。

五　在各类单位的就业满意度

毕业生在国有企业、政府机构 / 科研或其他事业单位的就业满意度较高，这可能与这类单位的工作稳定、有福利保障、发展空间大以及工作环境好有关。相比之下，民营企业 / 个体就业的满意度相对较低，这可能与民营企业面临的市场竞争压力、工作强度、工作稳定性以及福利保障等方面的挑战有关（见图 5-14、图 5-15）。

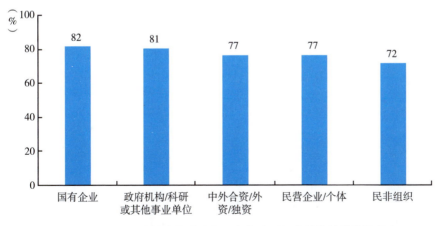

图 5-14　2023 届高职生毕业半年后在各类型用人单位的就业满意度

资料来源：麦可思 – 中国 2023 届大学毕业生培养质量跟踪评价。

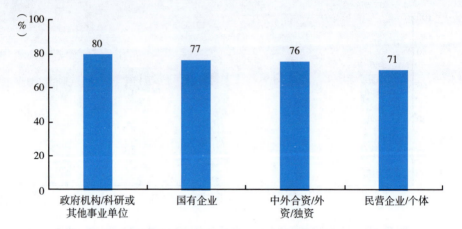

图 5-15　2020 届高职生毕业三年后在各类型用人单位的就业满意度

注：民非组织用人单位因为样本较少，没有包括在内。

资料来源：麦可思 – 中国 2020 届大学毕业生三年后职业发展跟踪评价。

B.6
2023 年高职毕业生职业发展分析

摘　要： 2023 届高职毕业生在职业发展方面面临市场压力与个人职业期待的双重影响，专业相关工作选择比例有所波动，小幅下降至 61%。尽管如此，毕业半年内离职率保持稳定，但因薪资福利和工作压力离职的比例上升。毕业三年后，"双高"院校毕业生在晋升方面略占优势，晋升比例为58%，比非"双高"院校毕业生高出 4 个百分点。医药卫生大类的毕业生工作与专业相关度持续保持最高，而电子信息大类毕业生的相关度较低。毕业生离职的主要原因是对更高薪资福利和个人发展空间的追求，其中 46%因薪资偏低离职。

关键词： 职业发展　对口就业　职位晋升　就业稳定性　高职生

一　从事本专业相关工作分析

（一）总体工作与专业相关度

工作与专业相关度[①]是衡量职业教育与产业需求匹配程度的重要指标。2023 届高职毕业生从事专业相关工作的比例（61%）与前四届（均为 63%）相比有所下降（见图 6-1）。这一变化提示学校和政策制定者需持续关注人才培养与产业需求之间的动态关系，并适时调整优化专业结构，以确保毕业生

[①]　工作与专业相关度＝受雇全职工作并且与专业相关的毕业生人数 / 受雇全职工作的毕业生人数。

能够有效地满足产业发展要求。

随着毕业生在职场中经验和技能的积累，其职业发展路径逐渐明朗，岗位晋升和变迁机会增多，工作选择面变宽。具体来看，2020届高职毕业生毕业三年后工作与专业相关度为57%（见图6-2）。

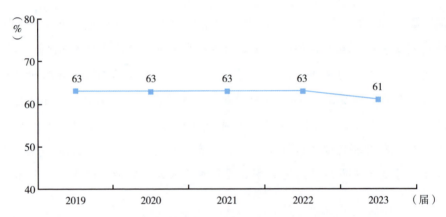

图6-1　2019~2023届高职毕业生的工作与专业相关度变化趋势

资料来源：麦可思－中国2019~2023届大学毕业生培养质量跟踪评价。

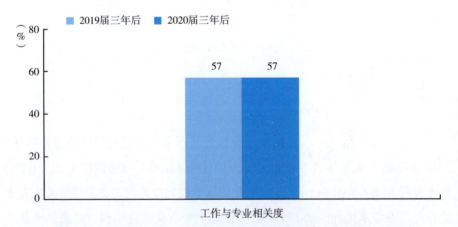

图6-2　2019届、2020届高职生毕业三年后的工作与专业相关度

资料来源：麦可思－中国2019届、2020届大学毕业生三年后职业发展跟踪评价。

从 2023 届高职毕业生选择专业无关工作原因来看，表示"迫于现实先就业再择业"的比例（30%）最高，与 2022 届（31%）基本持平，表示"专业工作不符合自己的职业期待"的比例（21%）略低于 2022 届（23%）（见图 6-3）。

这也反映出，尽管就业市场存在压力，但毕业生在就业选择上依然考虑多种因素，包括个人职业期待、工作环境和现实就业条件等。学校可提供更具针对性的职业指导和就业服务，以帮助毕业生更好地规划职业生涯、提升就业质量。

图 6-3　2022 届、2023 届高职毕业生选择与专业无关工作的主要原因

资料来源：麦可思 - 中国 2022 届、2023 届大学毕业生培养质量跟踪评价。

（二）主要专业的工作与专业相关度

医药卫生大类毕业生在毕业半年后、三年后的工作与专业相关度持续保持第一，这表明相关领域的专业培养与实际岗位需求之间的匹配度较高；生物与化工大类、能源动力与材料大类毕业生的工作与专业相关度上升较多，近两届均保持在前三位（见表6-1、表6-2）。

相比之下，电子信息大类毕业生的工作与专业相关度较低，且下降较为明显，2023届为46%，毕业生因"达不到专业相关工作的要求"而从事与专业无关工作的情况较为普遍，相关院校和专业在培养过程中需给予更多关注。

表 6-1　2021~2023 届高职各专业大类毕业生的工作与专业相关度

单位：%

高职专业大类名称	2023 届	2022 届	2021 届
医药卫生大类	81	83	84
生物与化工大类	78	74	71
能源动力与材料大类	76	75	72
资源环境与安全大类	68	69	68
土木建筑大类	66	70	75
教育与体育大类	66	69	70
食品药品与粮食大类	65	64	63
农林牧渔大类	65	65	63
新闻传播大类	62	61	63
装备制造大类	62	59	56
文化艺术大类	56	58	60
交通运输大类	56	58	58
财经商贸大类	56	55	54
公共管理与服务大类	53	56	54
旅游大类	52	48	49
电子信息大类	46	50	51
全国高职	61	63	63

注：个别专业大类因为样本较少，没有包括在内。

资料来源：麦可思－中国 2021~2023 届大学毕业生培养质量跟踪评价。

表 6-2　2019 届、2020 届高职各专业大类毕业生毕业三年后的工作与专业相关度变化

单位：%

高职专业大类名称	2020 届毕业三年后	2019 届毕业三年后
医药卫生大类	85	85
能源动力与材料大类	64	63
土木建筑大类	64	67
教育与体育大类	61	64
生物与化工大类	60	56
交通运输大类	60	66
资源环境与安全大类	59	57
农林牧渔大类	55	52
装备制造大类	50	47
文化艺术大类	50	51
食品药品与粮食大类	50	52
电子信息大类	49	49
公共管理与服务大类	48	52
财经商贸大类	47	48
旅游大类	40	32
全国高职	57	57

注：个别专业大类因为样本较少，没有包括在内。

资料来源：麦可思－中国 2019 届、2020 届大学毕业生三年后职业发展跟踪评价。

　　专业层面的工作与专业相关度排名显示，医药卫生大类专业在就业市场上表现出较高的专业对口率，其中口腔医学、临床医学专业超过 90%（见表 6-3）。医药卫生大类的特性，即专业培养与医药卫生领域实际需求之间存在高度的一致性和匹配度，毕业生通常需要经历较为严格的在校专业教育、毕业后教育和实践培训，以确保其具备必要的专业知识和技能，能够在医药卫生领域提供专业服务。

表 6-3　2023 届高职毕业生工作与专业相关度排前 30 位的主要专业

单位：%

高职专业名称	工作与专业相关度
口腔医学	97
临床医学	92
眼视光技术	89
针灸推拿	85
助产	83
中医学	83
护理	83
铁道机车	82
动物医学	80
石油化工技术	80
电力系统自动化技术	80
发电厂及电力系统	79
中药学	78
铁道供电技术	78
药学	77
舞蹈表演	77
铁道工程技术	77
建筑设备工程技术	77
应用化工技术	77
供用电技术	76
铁道交通运营管理	76
学前教育	75
畜牧兽医	75
道路桥梁工程技术	74
城市轨道交通车辆技术	74
医学检验技术	74
工程测量技术	73
市政工程技术	72
消防工程技术	72
工程造价	72
全国高职	61

注：毕业生规模过小的专业不包括在此排序中。

资料来源：麦可思－中国 2023 届大学毕业生培养质量跟踪评价。

（三）主要职业的工作与专业相关度

卫生健康类职业由于其专业性和对公众健康的重要影响，从业门槛较高，这类职业的工作与专业相关度也普遍较高，例如放射技术人员（98%）、紧急医疗技术人员（97%）、护士（96%）、医生助理（96%）、医学和临床实验室技术人员（95%）等；销售、行政、后勤类以及与生活服务相关的职业对从业人员专业背景的要求较低（见表6-4、见表6-5）。

表 6-4　2023 届高职毕业生工作与专业相关度要求最高的前 20 位职业

单位：%

职业名称	工作与专业相关度
放射技术人员	98
紧急医疗技术人员	97
护士	96
医生助理	96
医学和临床实验室技术人员	95
兽医	95
幼儿教师	93
理疗员	92
牙科保健人员	91
铁轨铺设及维护设备操作人员	90
计算机程序员	88
土木建筑工程技术人员	88
工程造价人员	88
列车司机	88
软件开发人员	88
建筑工程设备操作人员	87
船舶工程技术人员	87
建筑设计员（非园林和水上景观）	86
建筑和土木绘图人员	86
工程测量技术人员	86
全国高职	61

注：毕业生规模过小的职业不包括在此排序中。

资料来源：麦可思－中国 2023 届大学毕业生培养质量跟踪评价。

表 6-5　2023 届高职毕业生工作与专业相关度要求最低的前 20 位职业

单位：%

职业名称	工作与专业相关度
贷款顾问	21
咖啡师	22
手工包装人员	23
数据录入员	29
辅警	29
劳资关系专职人员	29
人力资源专职人员	30
餐饮服务生	31
文员	31
客服专员	31
广告业务员	33
行政秘书和行政助理	34
物业管理专员	34
推销员	34
收银员	35
行政服务经理	37
快递员	38
活动执行	39
美容师	40
各类销售服务人员	41
全国高职	61

注：毕业生规模过小的职业不包括在此排序中。

资料来源：麦可思－中国 2023 届大学毕业生培养质量跟踪评价。

二　职位晋升情况

（一）总体职位晋升

随着工作经验的积累，高职毕业生在职场中的成长和晋升[①]较多，其中"双高"院校毕业生在晋升方面略呈优势。具体来看，2020 届高职生毕业三年内有过晋升的比例为 55%；"双高"院校毕业生获得职位晋升的比例（58%）比非"双高"院校（54%）高 4 个百分点（见图 6-4）。从晋升次数来看，毕业生毕业三年内平均获得晋升 0.9 次；有 32% 的人获得过 1 次晋升，15% 的人获得过 2 次晋升（见图 6-5、图 6-6）。

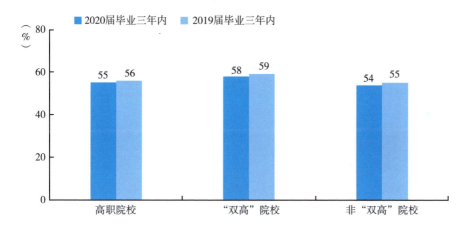

图 6-4　2020 届高职毕业生毕业三年内平均获得职位
晋升的比例（与 2019 届毕业三年内对比）

资料来源：麦可思 – 中国 2019 届、2020 届大学毕业生三年后职业发展跟踪评价。

[①]　职位晋升：由已经工作的毕业生回答是否获得职位晋升以及获得晋升的次数。职位晋升是指享有比前一个职位更多的职权并承担更多的责任，由毕业生主观判断。这既包括不换雇主的内部提升，也包括通过更换雇主实现的晋升。
　　职位晋升次数：由毕业生回答获得职位晋升的次数，计算公式的分子是三年内毕业生获得的职位晋升次数，没有获得职位晋升的人记为 0 次，分母是三年内就业和就业过的毕业生数。

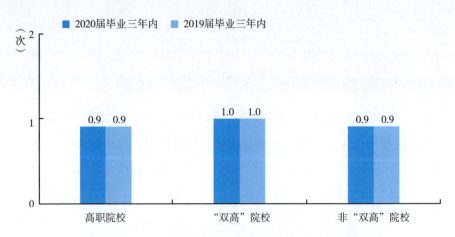

图 6-5　2020 届高职毕业生毕业三年内平均获得职位
晋升的次数（与 2019 届毕业三年内对比）

资料来源：麦可思－中国 2019 届、2020 届大学毕业生三年后职业发展跟踪评价。

图 6-6　2020 届高职生毕业三年内平均获得职位晋升的频度（与 2019 届毕业三年内对比）

资料来源：麦可思－中国 2019 届、2020 届大学毕业生三年后职业发展跟踪评价。

（二）各专业大类的职位晋升

综合职位晋升比例和次数可以看出，旅游大类、文化艺术大类、农林牧渔大类毕业生晋升情况较好，医药卫生大类晋升相对较慢（见表 6-6、表

6-7）。部分专业大类毕业生毕业三年内晋升比例出现下降，这可能与经济环境、行业发展趋势或就业市场的竞争程度有关。

表 6-6　2019 届、2020 届高职各专业大类毕业生毕业三年内平均获得职位晋升的比例

单位：%

高职专业大类名称	2020 届毕业三年内	2019 届毕业三年内
旅游大类	68	69
文化艺术大类	62	61
农林牧渔大类	61	61
土木建筑大类	60	61
能源动力与材料大类	59	62
财经商贸大类	59	61
公共管理与服务大类	58	58
装备制造大类	58	57
教育与体育大类	57	56
资源环境与安全大类	55	58
食品药品与粮食大类	55	58
电子信息大类	54	55
生物与化工大类	53	55
交通运输大类	52	51
医药卫生大类	34	36
全国高职	55	56

注：个别专业大类因为样本较少，没有包括在内。

资料来源：麦可思－中国 2019 届、2020 届大学毕业生三年后职业发展跟踪评价。

表 6-7　2019 届、2020 届高职各专业大类毕业生毕业三年内平均获得职位晋升的次数

单位：次

高职专业大类名称	2020 届毕业三年内	2019 届毕业三年内
旅游大类	1.2	1.1
文化艺术大类	1.1	1.0
农林牧渔大类	1.1	1.2
土木建筑大类	1.0	1.0

续表

高职专业大类名称	2020 届毕业三年内	2019 届毕业三年内
能源动力与材料大类	1.0	1.1
财经商贸大类	1.0	1.0
公共管理与服务大类	0.9	0.9
装备制造大类	0.9	0.9
电子信息大类	0.9	0.9
交通运输大类	0.9	0.7
教育与体育大类	0.8	0.8
资源环境与安全大类	0.8	0.8
食品药品与粮食大类	0.8	0.8
生物与化工大类	0.8	0.9
医药卫生大类	0.5	0.5
全国高职	0.9	0.9

注：个别专业大类因为样本较少，没有包括在内。

资料来源：麦可思－中国 2019 届、2020 届大学毕业生三年后职业发展跟踪评价。

（三）主要行业、职业的职位晋升

生活服务领域整体上职位晋升较快。住宿和餐饮业毕业生在毕业三年内职位晋升比例（75%）位列第一，高出第二位较多；同时毕业生毕业三年内获得职位晋升的次数也排在首位，达到 1.4 次（见表 6-8）。该领域通常具有较大的员工基数和较为扁平的管理结构，因此晋升机会较多。

表 6-8　2020 届高职主要行业类毕业生毕业三年内平均获得职位晋升的比例和次数

单位：%，次

高职行业类名称	晋升比例	晋升次数
住宿和餐饮业	75	1.4
批发业	65	1.1
各类专业设计与咨询服务业	65	1.0
零售业	65	1.1

高职行业类名称	晋升比例	晋升次数
文化、体育和娱乐业	65	1.2
家具制造业	63	1.3
信息传输、软件和信息技术服务业	62	1.1
邮递、物流及仓储业	62	1.0
电子电气设备制造业（含计算机、通信、家电等）	60	1.0
农、林、牧、渔业	60	1.2
金融业	60	0.9
教育业	60	1.0
纺织、服装、皮革制造业	59	1.0
居民服务、修理和其他服务业	59	1.0
建筑业	59	0.9
房地产开发及租赁业	58	1.1
其他制造业	58	0.9
食品、烟草、加工业	57	1.0
机械设备制造业	56	0.9
医药及设备制造业	55	0.8
电力、热力、燃气及水生产和供应业	54	0.9
交通运输设备制造业	54	0.9
化学品、化工、塑胶制造业	54	0.9
行政、商业和环境保护辅助业	51	0.8
运输业	43	0.7
政府及公共管理	38	0.6
医疗和社会护理服务业	35	0.5
全国高职	55	0.9

注：个别行业类因为样本较少，没有包括在内。

资料来源：麦可思－中国 2020 届大学毕业生三年后职业发展跟踪评价。

经营管理类职业的晋升优势显著，这与这类职业的性质和要求密切相关。具体来看，从事经营管理类职业的毕业生在毕业三年内职位晋升比例达到 82%，晋升次数达到 1.8 次，均明显高于其他职业类（见表 6-9）。在这类

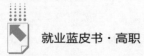

岗位工作的专业人才往往具备较强的领导力和管理能力，从而能够获得更高层次的职位，具有更大的责任。

相比之下，医疗保健/紧急救助、公安/检察/法院/经济执法等类型职业的晋升相对缓慢。这类职业可能由于其严格的职业等级制度或专业资格要求，晋升路径更为稳定和有序。

表 6-9　2020 届高职主要职业类毕业生毕业三年内平均获得职位晋升的比例和次数

单位：%，次

高职职业类名称	晋升比例	晋升次数
经营管理	82	1.8
餐饮/娱乐	71	1.4
人力资源	70	1.0
美术/设计/创意	67	1.1
销售	67	1.1
表演艺术/影视	67	1.3
房地产经营	67	1.1
职业培训/其他教育	65	1.1
互联网开发及应用	65	1.0
幼儿与学前教育	64	0.9
酒店/旅游/会展	64	1.1
媒体/出版	63	1.1
生产/运营	62	1.0
物流/采购	60	1.0
农/林/牧/渔类	59	1.0
建筑工程	59	1.0
机动车机械/电子	59	0.9
财务/审计/税务/统计	58	0.9
保险	58	0.9
金融（银行/基金/证券/期货/理财）	57	1.0
计算机与数据处理	56	0.9
电气/电子（不包括计算机）	56	1.0

		续表
高职职业类名称	晋升比例	晋升次数
机械 / 仪器仪表	54	0.9
电力 / 能源	54	0.9
中小学教育	52	0.8
生物 / 化工	50	0.7
社区工作者	46	0.6
交通运输 / 邮电	46	0.7
行政 / 后勤	45	0.6
公安 / 检察 / 法院 / 经济执法	36	0.6
医疗保健 / 紧急救助	32	0.6
全国高职	55	0.9

注：个别职业类因为样本较少，没有包括在内。

资料来源：麦可思－中国 2020 届大学毕业生三年后职业发展跟踪评价。

三　职场忠诚度分析

（一）离职率与雇主数

应届高职毕业生的就业稳定性是衡量当前就业市场健康状况和毕业生就业心态成熟度的重要指标。从近五年的离职率[①]来看，高职毕业生的离职率维持在一个相对稳定的水平，2023 届为 41%（见图 6-7）。从毕业三年内的雇主数[②]来看，2020 届高职生毕业三年内的平均雇主数为 2.3 个，不同类型高职院校之间无差异（见图 6-8）。

[①] 离职率：有过工作经历的毕业生（从毕业时到 2023 年 12 月 31 日）有多大比例离职过。离职率 = 曾经有离职行为的毕业生人数 / 现在工作或曾经工作过的毕业生人数。

[②] 雇主数：指毕业生从第一份工作到三年后的跟踪评价时点，一共为多少个雇主工作过。雇主数越多，则工作转换得越频繁；雇主数可以反映毕业生工作稳定的程度。

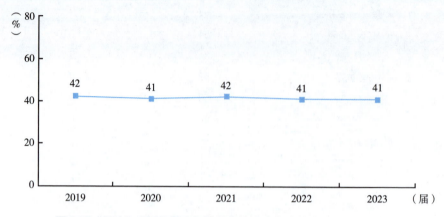

图 6-7　2019~2023 届高职毕业生毕业半年内的离职率变化趋势

资料来源：麦可思－中国 2019~2023 届大学毕业生培养质量跟踪评价。

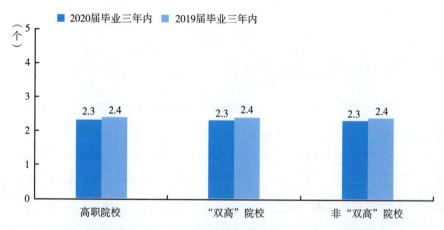

图 6-8　2020 届高职毕业生毕业三年内的平均雇主数（与 2019 届毕业三年内对比）

资料来源：麦可思－中国 2019 届、2020 届大学毕业生三年后职业发展跟踪评价。

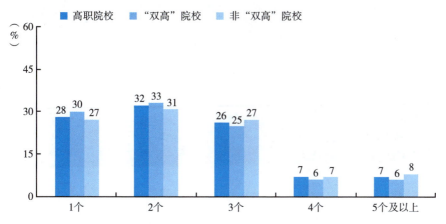

图 6-9　2020 届高职生毕业三年内工作过的雇主数

资料来源：麦可思 - 中国 2020 届大学毕业生三年后职业发展跟踪评价。

从各专业大类来看，医药卫生大类、生物与化工大类、能源动力与材料大类毕业生从业稳定性保持较高水平（见表 6-10、表 6-11）。其中，医药卫生大类毕业生毕业半年内的离职率连续三届均不超过 30%，同时毕业三年内平均雇主数（1.9 个）也较低，这与卫生健康相关职业的专业成长路径、持续教育和职业资格认证的要求有关。

相对而言，新闻传播大类、文化艺术大类毕业生流动性较强，这种特点可能与相关领域的就业特性有关，包括项目性工作、自由职业机会以及对创意和个人表达的重视，这些因素可能导致相关专业毕业生更频繁地更换工作和雇主。

表 6-10　2021~2023 届高职各专业大类毕业半年内的离职率

单位：%

高职专业大类名称	2023 届	2022 届	2021 届
医药卫生大类	30	28	26
生物与化工大类	30	32	36
能源动力与材料大类	31	28	27
资源环境与安全大类	37	37	38
交通运输大类	38	36	34
装备制造大类	39	40	44

就业蓝皮书·高职

续表

高职专业大类名称	2023届	2022届	2021届
教育与体育大类	39	37	37
食品药品与粮食大类	41	41	42
土木建筑大类	41	40	41
旅游大类	42	44	44
农林牧渔大类	43	43	46
公共管理与服务大类	44	48	47
财经商贸大类	47	49	51
电子信息大类	48	49	50
文化艺术大类	49	51	51
新闻传播大类	53	54	54
全国高职	41	41	42

注：个别专业大类因为样本较少，没有包括在内。

资料来源：麦可思－中国2021~2023届大学毕业生培养质量跟踪评价。

表6-11　2020届高职各专业大类毕业三年内的平均雇主数

单位：个

高职专业大类名称	毕业三年内平均雇主数
医药卫生大类	1.9
能源动力与材料大类	1.9
生物与化工大类	2.1
交通运输大类	2.1
公共管理与服务大类	2.2
食品药品与粮食大类	2.2
农林牧渔大类	2.2
资源环境与安全大类	2.3
装备制造大类	2.3
财经商贸大类	2.3
电子信息大类	2.3
土木建筑大类	2.3
教育与体育大类	2.4
旅游大类	2.4
文化艺术大类	2.6
全国高职	2.3

注：个别专业大类因为样本较少，没有包括在内。

资料来源：麦可思－中国2020届大学毕业生三年后职业发展跟踪评价。

（二）离职原因

毕业生离职的主要原因集中在对更高薪资福利和更大发展空间的追求。具体来看，2023 届高职毕业生因薪资福利偏低而离职的比例（46%）最高，比 2022 届（43%）上升了 3 个百分点；因个人发展空间不够而离职的比例为 31%，与 2022 届持平。这表明，对于毕业生而言，收入和个人成长是影响职场满意度和稳定性的关键因素。

另外，毕业生因工作要求高、压力大而选择离职的情况增多，2023 届该比例达到 29%，比 2022 届（25%）上升了 4 个百分点（见图 6-10）。这一变化可能与职场竞争加剧、对从业者能力要求提升有关，也提示了心理健康和工作环境对毕业生职场稳定性的影响。

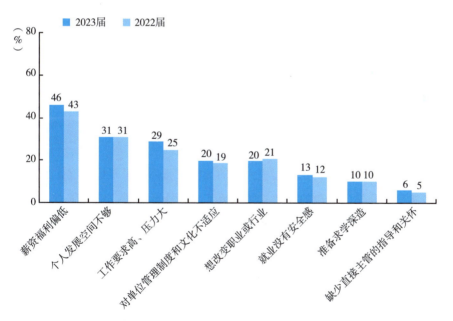

图 6-10　2022 届、2023 届高职毕业生主动离职的原因

资料来源：麦可思 - 中国 2022 届、2023 届大学毕业生培养质量跟踪评价。

B.7
2023 年高职毕业生专升本分析

摘　要： 2023 届高职毕业生专升本趋势稳定，其中 20.7% 的毕业生选择继续深造，特别是教育与体育大类、财经商贸大类、电子信息大类毕业生的专升本比例较高，均达到或超过 23%。毕业生选择专升本主要是为了想去更好的大学和改善就业前景，分别有 32% 和 25% 的毕业生基于这两个原因做出选择。尽管学历提升在短期内对经济回报的影响不明显，毕业三年后学历提升人群与未提升人群的月收入基本持平，但学历提升显著提升了从业幸福感，学历提升人群的就业满意度比未提升人群高出 4 个百分点。

关键词： 专升本　学历提升　就业满意度　职业发展　高职生

一　读本科的比例

专升本①规模在经历了过去几年的大幅扩张后趋于平稳，整体上满足了更多学生提升学历层次的需要，并减缓了当下社会的就业总量压力。具体来看，2023 届高职毕业生读本科比例达到 20.7%，是 2019 届（7.6%）的近 3 倍。从不同院校类型近五年的数据来看，"双高"院校专升本比例持续高于非"双高"院校，二者 2023 届分别达到 22.2%、20.5%（见图 7-1、图 7-2）。随着一些普通本科院校停止专升本招生，升入职业本科逐渐成为新的趋势。其中，一些实现了产教深度融合、具有鲜明办学特色和较高培养质量的"双高"院校已

---

① 专升本：指高职毕业生毕业后继续就读本科。有专升本、专插本、专接本、专转本多种形式，本报告中统一称为"专升本"。

经独立升格为职业本科院校，这将为职业本科教育的高质量发展探索出有效的路径。

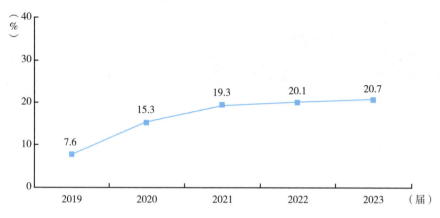

图 7-1　2019~2023 届高职毕业生读本科的比例变化趋势

资料来源：麦可思－中国 2019~2023 届大学毕业生培养质量跟踪评价。

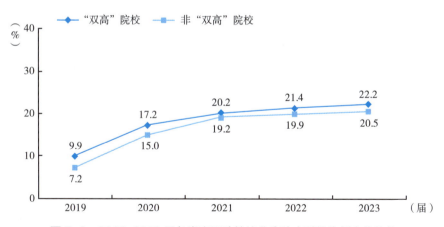

图 7-2　2019~2023 届各类高职院校毕业生读本科的比例变化趋势

资料来源：麦可思－中国 2019~2023 届大学毕业生培养质量跟踪评价。

从各专业大类读本科的比例来看，2023 届教育与体育大类、财经商贸大类、电子信息大类毕业生专升本比例排前三位，均达到或超过 23%（见表 7-1）。

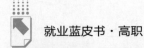

表 7-1 2021~2023 届高职各专业大类读本科的比例

单位：%

高职专业大类名称	2023 届	2022 届	2021 届
教育与体育大类	26.1	23.7	21.8
财经商贸大类	24.5	22.8	21.6
电子信息大类	23.0	22.1	20.2
新闻传播大类	22.2	20.6	18.7
文化艺术大类	21.4	19.9	19.3
食品药品与粮食大类	20.6	20.0	18.1
公共管理与服务大类	20.2	19.3	18.4
土木建筑大类	20.2	19.5	19.4
旅游大类	19.9	19.5	16.6
资源环境与安全大类	19.7	18.6	17.9
医药卫生大类	18.2	18.8	17.7
生物与化工大类	17.5	18.1	18.0
能源动力与材料大类	16.8	15.5	14.6
装备制造大类	16.6	17.7	16.4
农林牧渔大类	15.2	15.7	14.8
交通运输大类	14.2	13.9	13.8
全国高职	20.7	20.1	19.3

注：个别专业大类因为样本较少，没有包括在内。

资料来源：麦可思－中国 2021~2023 届大学毕业生培养质量跟踪评价。

二 读本科的原因

想去更好的大学、就业前景好依然是毕业生选择专升本的主要原因，2023 届分别有 32%、25% 的毕业生因为上述原因而选择专升本（见图 7-3）。

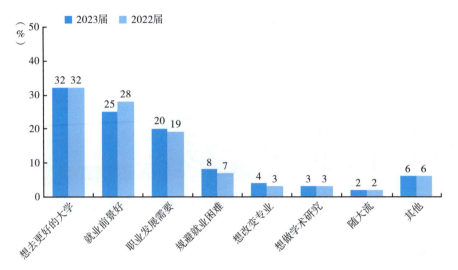

图 7-3　2022 届、2023 届高职毕业生读本科的原因

资料来源：麦可思 - 中国 2022 届、2023 届大学毕业生培养质量跟踪评价。

三　职业发展

2020 届高职毕业生中，毕业半年后就升本的比例为 15.3%，到毕业三年后，有过学历提升的比例大幅上升到了 42.2%（见图 7-4），这表明在职场中积累了一定经验后，有更多的毕业生选择进一步提升自己的学历水平。这可能与职场竞争加剧、职业发展需求以及个人成长愿望等多种因素有关。

学历提升给毕业生带来的经济回报在短期尚不明显。通过对比 2020 届高职毕业生毕业三年后学历提升和未提升人群的月收入发现，学历提升人群的月收入（6876 元）与未提升人群（6883 元）基本持平（见图 7-5）。

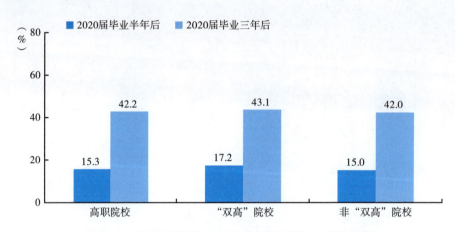

图 7-4 2020 届高职生毕业三年后学历提升人群的比例

资料来源：麦可思－中国 2020 届大学毕业生三年后职业发展跟踪评价；2020 届大学毕业生培养质量跟踪评价。

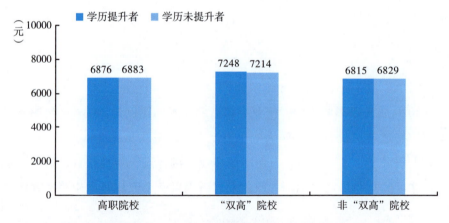

图 7-5 2020 届高职生毕业三年后学历提升人群和学历未提升人群的月收入对比

资料来源：麦可思－中国 2020 届大学毕业生三年后职业发展跟踪评价。

学历提升对毕业生从业幸福感的提升具有积极影响。通过对比高职毕业生毕业三年后学历提升和未提升人群的就业满意度发现，学历提升人群的就业满意度（75%）比学历未提升人群（71%）高 4 个百分点；"双高"院校学历提升人群的就业满意度比学历未提升人群高出 3 个百分点，非"双高"院校学历提升人群的就业满意度比学历未提升人群高出 4 个百分点（见图 7-6）。

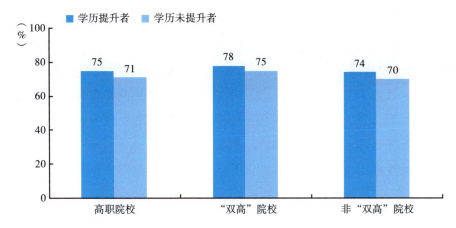

图 7-6　2020 届高职生毕业三年后学历提升人群和学历未提升人群的就业满意度对比

资料来源：麦可思 - 中国 2020 届大学毕业生三年后职业发展跟踪评价。

B.8
2023年高职毕业生灵活就业分析

摘　要： 2023届高职毕业生中，选择灵活就业的比例上升至9.2%，这一上升趋势反映了毕业生就业观念的转变和就业市场的多样化。灵活就业包括受雇半职工作、自由职业和自主创业，其中自主创业的毕业生月收入和就业满意度分别为4989元和85%，均高于高职毕业生平均水平。然而，灵活就业的毕业生在教育领域的占比下降，而文体娱乐产业和零售业成为新的热门选择。尽管自主创业的毕业生比例随时间增长，但创业成功率不高，多数创业者在三年后退出，主要挑战包括资金短缺和缺乏管理经验。因此，学校和政策制定者需要提供更多支持，包括实践教学、创业指导和资金援助。

关键词： 灵活就业　新业态　数字技术　高职生

一　灵活就业比例

2023届有9.2%的高职毕业生在毕业半年后选择灵活就业，这一比例高于2022届的8.0%。灵活就业包括受雇半职工作、自由职业和自主创业等形式，这些就业方式为毕业生提供了更多的工作选择和职业发展路径。具体来看，2023届灵活就业的毕业生包括1.9%选择受雇半职工作，3.5%选择自由职业，3.8%选择自主创业（见图8-1）。从不同院校类型来看，非"双高"院校毕业生选择灵活就业的比例（9.3%）相对更高。

这一趋势表明，随着就业市场的变化和毕业生就业观念的更新，灵活就业成为越来越多毕业生的选择。学校和政策制定者应关注这一变化，提供更多的就业指导和支持服务，帮助毕业生更好地适应灵活就业的挑战和机遇。

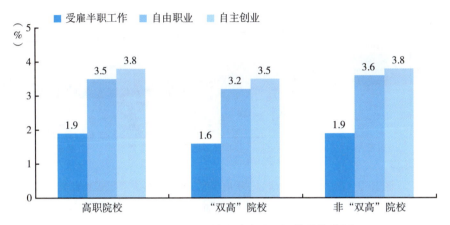

图 8-1　2023 届高职毕业生各类灵活就业的比例

资料来源：麦可思－中国 2023 届大学毕业生培养质量跟踪评价。

随着教育培训机构的治理和规范，灵活就业毕业生在教育领域的占比进一步下降。数据显示，2023 届选择受雇半职工作的高职毕业生中，有 14.6%服务于教育领域，自由职业、自主创业的毕业生在教育领域的比例分别为6.9%、7.5%（见图 8-2、图 8-3、图 8-4），这一比例相比 2022 届均有不同程度的下降。

与此同时，文体娱乐产业因其创意性和趣味性，成为灵活就业毕业生的重要选择。特别是自由职业群体，2023 届在该领域的占比继续位列第一。这可能与文体娱乐产业的快速发展、市场活力以及对创新和个性化需求的增长有关。

另外，零售业也吸引了较多灵活就业毕业生，尤其是依托数字技术的新型零售。这些新兴领域为毕业生提供了更加多样化的职业路径和创新机会，同时也反映了数字经济和数字技术对就业市场的深远影响。

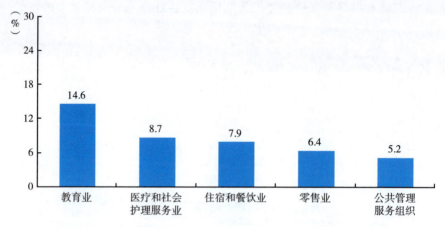

图8-2　2023届高职毕业生受雇半职工作最集中的前五位行业类

资料来源：麦可思-中国2023届大学毕业生培养质量跟踪评价。

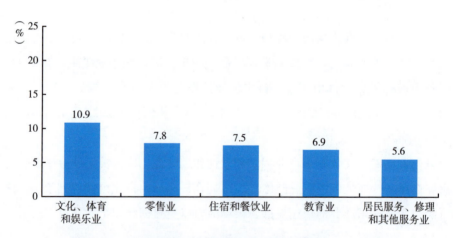

图8-3　2023届高职毕业生自由职业最集中的前五位行业类

资料来源：麦可思-中国2023届大学毕业生培养质量跟踪评价。

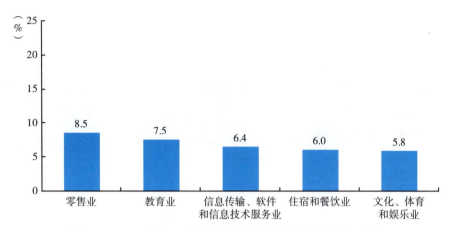

图 8-4　2023 届高职毕业生自主创业最集中的前五位行业类

资料来源：麦可思－中国 2023 届大学毕业生培养质量跟踪评价。

二　灵活就业质量

灵活就业毕业生的就业质量呈现不同的特点。自主创业群体月收入水平较高，且从业幸福感较强。2023 届选择自主创业的高职毕业生平均月收入为 4989 元，就业满意度为 85%（见图 8-5、图 8-6），均明显高于高职毕业生平均水平（月收入 4683 元，就业满意度 78%）。这表明，尽管自主创业可能面临更多的不确定性和风险，但对于愿意接受挑战和追求自我实现的毕业生来说，这种工作方式能够带来较高的经济回报和从业幸福感。

相比之下，自由职业和受雇半职工作群体的月收入相对较低，就业安全感和幸福感相对较弱。这可能与相关工作形式的稳定性较弱、缺乏充分的社会保障和福利待遇有关。灵活就业虽然提供了较高的工作自由度，但在制度保障和政策支持方面仍有待进一步完善。

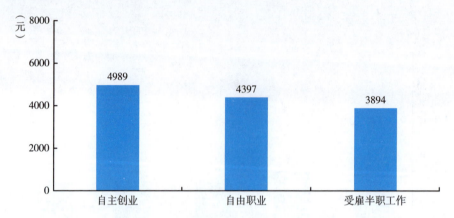

图 8-5　2023 届高职各类灵活就业毕业生的月收入

资料来源：麦可思－中国 2023 届大学毕业生培养质量跟踪评价。

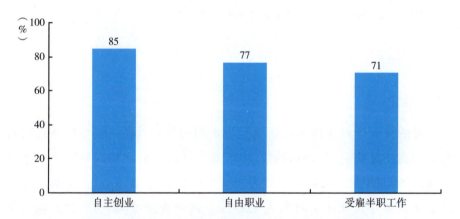

图 8-6　2023 届高职各类灵活就业毕业生的就业满意度

资料来源：麦可思－中国 2023 届大学毕业生培养质量跟踪评价。

三　自主创业人群职业发展

毕业生自主创业的比例随着毕业时间的延长而持续上升，这表明随着毕业生在职场中经验和资源的积累，他们对于创业的意愿和能力均有所增强。

2020 届高职毕业生在毕业半年后自主创业的比例为 2.8%，到毕业三年后达到 6.0%（见图 8-7）。

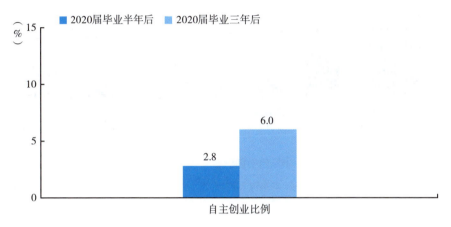

图 8-7　2020 届高职生毕业三年后自主创业的比例（与 2020 届毕业半年后对比）

资料来源：麦可思－中国 2020 届大学毕业生三年后职业发展跟踪评价；2020 届大学毕业生培养质量跟踪评价。

　　自主创业群体面临的生存挑战持续增加，这反映了创业过程中的高风险和不确定性。2020 届毕业半年内自主创业的毕业生中，大多数在三年后退出创业，依然坚持创业的比例不足四成（37.2%），这一比例相比 2019 届同期进一步下降（见图 8-8）。

　　创业资金问题是创业者普遍面临的难题，资金短缺可能导致项目无法持续。此外，缺乏企业管理和市场推广经验也是创业群体面临的主要困难。创业者可能在技术或产品开发方面有所专长，但在将产品推向市场、管理团队和企业运营方面经验不足，这些因素都可能影响创业项目的成功。

　　针对这些问题，学校的创新创业教育可以有针对性地加强实践教学和案例分析，帮助学生提前了解准备创业过程中可能遇到的挑战。同时，政策制定者也应加强对创业群体的支持和保障，提供创业指导、资金援助、税收优惠等措施。

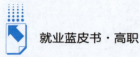

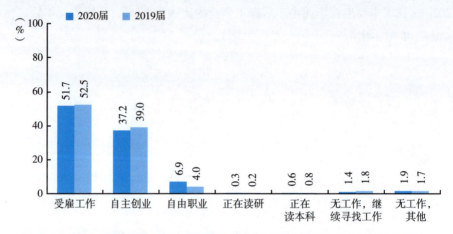

图 8-8　2020 届高职毕业半年自主创业者三年后的去向分布（与 2019 届对比）

资料来源：麦可思 – 中国 2019 届、2020 届大学毕业生三年后职业发展跟踪评价；2019 届、2020 届大学毕业生培养质量跟踪评价。

2023 年高职毕业生能力分析

摘　要： 2023 届高职毕业生在基本工作能力方面稳步提升，能力满足度从 2019 届的 85% 增长至 89%，反映出高等职业教育在技术技能人才培养方面的成效。毕业生对于理解交流、逻辑思维、管理能力等方面的能力达成评价较高，但电脑编程能力的满足度相对较低，这表明数字技能的培养需进一步加强。毕业生的素养提升在理想信念、遵纪守法、诚实守信等方面表现突出，但数字素养和工匠精神方面的提升效果较弱，需要学校在课程设置和实践教学中给予更多关注。此外，终身学习能力的满足度相比其他能力偏低，学校应加强学习方法和自我管理能力的培养，以促进学生的自主学习能力。

关键词： 数字技能　数字素养　终身学习　高职生

一　基本工作能力评价

（一）背景介绍

工作能力：从事某项职业工作必须具备的能力，分为职业能力和基本工作能力。职业能力是从事某一职业特别需要的能力，基本工作能力是所有工作都必须具备的能力，麦可思参考美国 SCANS 标准，把基本工作能力分为 35 项。根据麦可思的工作能力分类，中国大学生可以从事的职业近 600 个，对应的能力近万条。

五大类基本工作能力： 麦可思参考美国 SCANS 标准，将 35 项基本工作

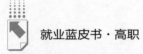

能力划归为五大类型,分别是理解与交流能力、科学思维能力、管理能力、应用分析能力和动手能力(见表9-1)。

序号	五大类能力	名称	描述
		表9-1　基本工作能力定义及序号	
1	理解与交流能力	理解性阅读	理解工作文件的句子和段落
2	理解与交流能力	积极聆听	理解对方讲话的要点,适当地提出问题
3	理解与交流能力	有效的口头沟通	交谈中有效果地传递信息
4	理解与交流能力	积极学习	理解信息中的启示,用于解决问题,帮助作出决定
5	理解与交流能力	学习方法	在训练和指导工作时选择方法与程序
6	理解与交流能力	理解他人	关注并理解他人的反应
7	理解与交流能力	服务他人	积极地寻找方法来帮助他人
8	科学思维能力	针对性写作	根据读者需求有效果地传递信息
9	科学思维能力	数学解法	用数学方法来解决问题
10	科学思维能力	科学分析	用科学的原理和方法来解决问题
11	科学思维能力	逻辑思维	运用逻辑推理来判定解决问题的建议、结论和方法的优缺点
12	管理能力	绩效监督	监督和评估自己、他人或组织的绩效以采取改进行动
13	管理能力	协调安排	根据他人的需要调整工作安排
14	管理能力	说服他人	说服他人改变想法或者行为
15	管理能力	谈判技能	与他人沟通并且达成一致
16	管理能力	指导他人	指导他人怎样去做一件事
17	管理能力	解决复杂的问题	识别复杂问题并查阅信息以发现和评估解决方案
18	管理能力	判断和决策	考虑各方案的成本和收益,决定最合适的方案
19	管理能力	时间管理	管理自己和他人的时间
20	管理能力	财务管理	决定怎样花钱以完成工作,并为这些开支记账核算
21	管理能力	物资管理	如何按照工作的特定需要获得设备、厂房和材料,以及监督其合理使用
22	管理能力	人力资源管理	在工作中激发、指导人们的工作,寻找适合各项工作的人

续表

序号	五大类能力	名称	描述
23	应用分析能力	设计思维	分析需求和生产的可能性以开发出新产品
24	应用分析能力	技术设计	按要求设计和修改设备与技术
25	应用分析能力	设备选择	决定使用哪一种工具和设备来做一项工作
26	应用分析能力	质量控制分析	对产品、服务或工作程序进行测试和检查以评价其质量和绩效
27	应用分析能力	操作监控	监视仪表、控制器和其他指示器以保证机器正常运行
28	应用分析能力	操作和控制	控制设备和系统的运行
29	应用分析能力	设备维护	对设备进行日常维护并决定什么时候进行何种维护
30	应用分析能力	疑难排解	判断出操作错误的产生原因并决定纠错对策
31	应用分析能力	系统分析	判定变化对一个系统运行结果的影响
32	应用分析能力	系统评估	识别系统绩效的评估方法或指标，根据系统目标制订计划并以行动来改进系统表现
33	动手能力	安装能力	按照特定要求来安装设备、机器、管线或程序
34	动手能力	电脑编程	为各种目的编写电脑程序
35	动手能力	维修机器和系统	使用必要的工具来修理机器和系统

　　基本工作能力的重要度：用于定义正在工作的大学毕业生所理解的 35 项基本工作能力在其岗位工作中的重要程度，分为"无法评估""不重要""有些重要""重要""非常重要""极其重要"六个层次，数据处理时把重要性处理为百分比，0 代表"不重要"，25% 代表"有些重要"，50% 代表"重要"，75% 代表"非常重要"，100% 代表"极其重要"。

　　工作岗位要求的基本工作能力水平：用于定义正在工作的大学毕业生所理解的工作对 35 项基本工作能力的要求级别，从低到高分为一级到七级。一级代表该能力的最低水平，取值 1/7；七级代表该能力的最高水平，取值 1。为了帮助答题人自评级别，问卷在一级到七级中分别举了三个例子，以帮助答题人理解能力差别。

　　毕业时掌握的基本工作能力水平：用于定义正在工作的大学毕业生所理

解的对 35 项基本工作能力在刚毕业时实际掌握的级别,从低到高分为一级到七级。一级代表该能力的最低水平,取值 1/7;七级代表该能力的最高水平,取值 1。为了帮助答题人自评级别,问卷在一级到七级中分别举了三个例子,以帮助答题人理解能力差别。

基本工作能力的满足度:毕业时掌握的基本工作能力水平满足社会初始岗位的工作要求水平的百分比,100% 为完全满足。满足度计算公式的分子是毕业时掌握的基本工作能力水平,分母是工作要求的水平。

(二)基本工作能力重要度和满足度

高职毕业生毕业时掌握的基本工作能力水平稳步提升,反映了高等职业教育在技术技能人才培养方面的效果和改进。从近五年的数据来看,全国高职毕业生毕业时掌握的基本工作能力水平从 2019 届的 55% 上升至 2023 届的 59%。从不同院校类型来看,近五年"双高"院校、非"双高"院校分别上升了 3 个、4 个百分点,2023 届分别达到 60%、59%(见图 9-1、图 9-2)。这与高等职业教育机构对课程设置的调整、实践教学的加强以及与行业需求的对接有关。

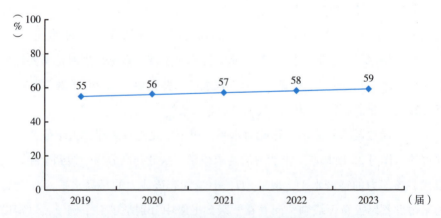

图 9-1　2019~2023 届高职毕业生毕业时掌握的基本工作能力水平

资料来源:麦可思-中国 2019~2023 届大学毕业生培养质量跟踪评价。

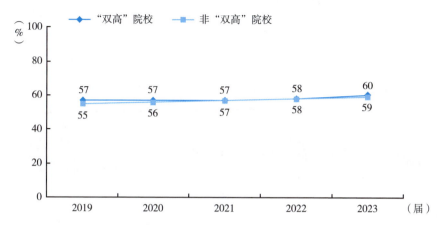

图 9-2　2019~2023 届各类高职院校毕业生毕业时掌握的基本工作能力水平

资料来源：麦可思 – 中国 2019~2023 届大学毕业生培养质量跟踪评价。

应届高职毕业生能力达成效果持续提升，表明高等职业教育在培养学生满足社会和职场需求方面取得了积极进展。从近五年的数据来看，全国高职毕业生的基本工作能力满足度从 2019 届的 85% 上升至 2023 届的 89%（见图 9-3）。反映了毕业生在知识和技能方面的提升，更好地适应了就业市场的要求。

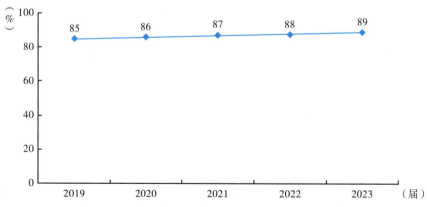

图 9-3　2019~2023 届高职毕业生的基本工作能力满足度

资料来源：麦可思 – 中国 2019~2023 届大学毕业生培养质量跟踪评价。

从不同院校类型来看，"双高"院校和非"双高"院校毕业生的基本工作能力满足度均呈现上升趋势，2023届均达到89%（见图9-4）。这表明高等职业院校教育质量有所提高，加强了与行业的联系，改进了教学方法和课程内容，以培养更符合市场需求的毕业生。

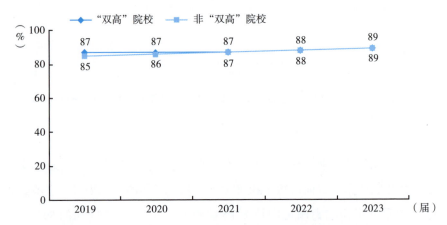

图9-4　2019~2023届各类高职院校毕业生的基本工作能力满足度

资料来源：麦可思－中国2019~2023届大学毕业生培养质量跟踪评价。

从毕业生各类基本工作能力评价来看，2023届高职毕业生认为理解交流能力中的学习方法、理解他人，科学思维能力中的逻辑思维，管理能力中的谈判技能、时间管理、解决复杂的问题，应用分析能力中的技术设计、疑难排解、设计思维，动手能力中的电脑编程、安装能力方面重要度均较高。其中，电脑编程能力的满足度相对偏低（见图9-5）。当前数字经济快速发展，产业数字化水平不断提升，数字技能人才对此具有基础性的支撑作用。在这一背景下，对于包括电脑编程能力在内的数字技能的培养仍有待进一步强化。

为了提高毕业生的电脑编程等数字技能，学校应考虑持续调整课程设置，进一步完善实践教学环节，并通过案例分析、项目实践、模拟演练等方式强化相关技能在现实行业领域的应用场景呈现，以更好地促进学生相关能力的提升。

图 9-5　2023 届高职毕业生的各项基本工作能力的重要度和满足度

资料来源：麦可思－中国 2023 届大学毕业生培养质量跟踪评价。

信息搜索与处理能力和终身学习能力在当前职场中的需求程度较高，这反映了快速变化的信息技术环境和知识更新速度对从业人员提出的新要求。从 2020 届高职毕业生的评价来看，这两项能力在工作中的需求度（均为64%）较高，这表明雇主对于员工能够有效地获取、分析和利用信息以及持续学习新知识和技能的期望很高。

然而，毕业生对终身学习能力的满足度（91%）相比其他能力仍偏低（见图 9-6）。这意味着虽然毕业生认识到终身学习的重要性，但在实际工作中可能面临各种挑战，如时间管理、资源获取等问题，导致他们难以持续地提升自己的知识和技能。为了提高终身学习的满足度，学校应加强学习方法和自我管理能力的培养，帮助学生形成自主学习的习惯和能力。

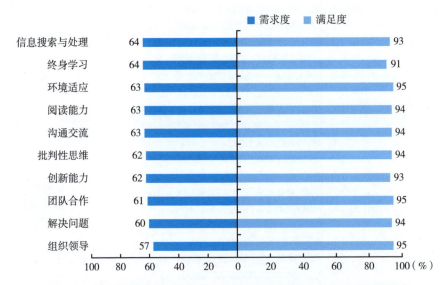

图 9-6　2020 届高职毕业生毕业三年后各项通用能力的需求度和满足度

资料来源：麦可思－中国 2020 届大学毕业生三年后职业发展跟踪评价。

（三）主要职业、专业最重要的前3项基本工作能力的满足度

不同职业类、专业类最重要的基本工作能力及其达成效果有所差异（见

表 9-2、表 9-3）。相关院校和专业可基于自身主要服务面向领域的实际需求，进一步完善能力本位的课程体系，从而更好地促进毕业生的能力达成，不断强化人才培养效果。

表 9-2　主要职业类最重要的前 3 项基本工作能力的满足度

单位：%

职业类名称	最重要的 3 项基本工作能力	能力满足度
保险	说服他人	88
	谈判技能	92
	积极聆听	91
表演艺术 / 影视	时间管理	90
	有效的口头沟通	90
	理解他人	91
财务 / 审计 / 税务 / 统计	时间管理	91
	有效的口头沟通	90
	理解他人	91
餐饮 / 娱乐	谈判技能	92
	有效的口头沟通	91
	理解他人	92
测绘	解决复杂的问题	91
	积极聆听	91
	积极学习	90
电力 / 能源	安装能力	89
	系统分析	88
	疑难排解	88
电气 / 电子（不包括计算机）	操作和控制	88
	设备维护	87
	学习方法	88
房地产经营	说服他人	86
	理解他人	90
	有效的口头沟通	88

职业类名称	最重要的 3 项基本工作能力	能力满足度
服装 / 纺织 / 皮革	积极聆听	91
	谈判技能	89
	积极学习	90
工业安全与质量	理解他人	91
	时间管理	90
	有效的口头沟通	89
公安 / 检察 / 法院 / 经济执法	理解他人	89
	积极聆听	88
	逻辑思维	88
航空机械 / 电子	安装能力	87
	维修机器和系统	89
	疑难排解	89
互联网开发及应用	疑难排解	87
	学习方法	88
	有效的口头沟通	90
环境保护	时间管理	88
	学习方法	86
	科学分析	86
机动车机械 / 电子	安装能力	88
	维修机器和系统	90
	有效的口头沟通	88
机械 / 仪器仪表	安装能力	83
	操作和控制	89
	学习方法	88
计算机与数据处理	科学分析	88
	学习方法	89
	疑难排解	87
建筑工程	有效的口头沟通	89
	协调安排	88
	疑难排解	87

续表

职业类名称	最重要的 3 项基本工作能力	能力满足度
交通运输 / 邮电	服务他人	90
	理解他人	90
	有效的口头沟通	89
金融（银行 / 基金 / 证券 / 期货 / 理财）	谈判技能	89
	积极学习	88
	理解他人	90
经营管理	理解他人	90
	协调安排	91
	判断和决策	90
酒店 / 旅游 / 会展	谈判技能	92
	积极聆听	91
	理解他人	90
矿山 / 石油	有效的口头沟通	90
	设备维护	89
	操作监控	89
媒体 / 出版	有效的口头沟通	90
	理解他人	90
	积极学习	88
美容 / 健身	有效的口头沟通	92
	服务他人	92
	理解他人	92
美术 / 设计 / 创意	设计思维	84
	技术设计	85
	谈判技能	87
农 / 林 / 牧 / 渔类	学习方法	86
	有效的口头沟通	88
	协调安排	90
人力资源	积极聆听	92
	积极学习	90
	判断和决策	90

续表

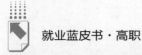
		续表
职业类名称	最重要的 3 项基本工作能力	能力满足度
社区工作者	服务他人	89
	理解他人	90
	有效的口头沟通	90
生产 / 运营	疑难排解	83
	有效的口头沟通	89
	时间管理	87
生物 / 化工	积极学习	87
	疑难排解	85
	操作监控	84
文化 / 体育	积极聆听	90
	理解他人	90
	时间管理	91
物流 / 采购	理解他人	90
	谈判技能	88
	判断和决策	90
销售	判断和决策	86
	积极聆听	90
	时间管理	87
行政 / 后勤	协调安排	89
	积极聆听	89
	理解他人	90
医疗保健 / 紧急救助	疑难排解	88
	理解他人	89
	积极学习	89
幼儿与学前教育	学习方法	89
	服务他人	89
	理解他人	90
职业培训 / 其他教育	理解他人	90
	积极学习	89
	指导他人	90

职业类名称	最重要的 3 项基本工作能力	能力满足度
		续表
中小学教育	学习方法	88
	指导他人	89
	理解他人	89

注：个别职业类因为样本较少，没有包括在内。

资料来源：麦可思－中国 2023 届大学毕业生培养质量跟踪评价。

表 9-3　主要专业类最重要的前 3 项基本工作能力的满足度

单位：%

专业类名称	最重要的 3 项基本工作能力	能力满足度
农业类	协调安排	91
	积极聆听	92
	有效的口头沟通	90
林业类	有效的口头沟通	86
	积极学习	88
	积极聆听	92
畜牧业类	协调安排	89
	积极学习	88
	理解他人	88
测绘地理信息类	疑难排解	90
	理解他人	89
	学习方法	90
环境保护类	科学分析	87
	积极学习	88
	有效的口头沟通	89
电力技术类	操作和控制	86
	疑难排解	85
	设备维护	88
建筑设计类	技术设计	86
	谈判技能	86
	时间管理	89
土建施工类	质量控制分析	88
	协调安排	89
	疑难排解	87

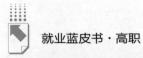

		续表
专业类名称	最重要的 3 项基本工作能力	能力满足度
建筑设备类	设备维护	84
	操作监控	87
	质量控制分析	91
建设工程管理类	疑难排解	87
	质量控制分析	88
	有效的口头沟通	89
市政工程类	疑难排解	86
	有效的口头沟通	87
	积极学习	88
房地产类	积极学习	89
	有效的口头沟通	90
	理解他人	90
机械设计制造类	技术设计	83
	疑难排解	88
	学习方法	88
机电设备类	操作和控制	92
	安装能力	87
	积极学习	90
自动化类	设备维护	86
	安装能力	85
	疑难排解	87
船舶与海洋工程装备类	科学分析	86
	协调安排	85
	疑难排解	88
汽车制造类	学习方法	89
	有效的口头沟通	89
	疑难排解	87
化工技术类	学习方法	88
	操作监控	85
	疑难排解	86
食品工业类	科学分析	88
	疑难排解	86
	积极学习	91
药品制造类	疑难排解	87
	积极学习	90
	质量控制分析	89

专业类名称	最重要的 3 项基本工作能力	能力满足度
食品药品管理类	谈判技能	90
	说服他人	85
	有效的口头沟通	88
铁道运输类	疑难排解	87
	有效的口头沟通	91
	操作监控	88
道路运输类	学习方法	88
	有效的口头沟通	89
	理解他人	90
水上运输类	疑难排解	91
	学习方法	91
	有效的口头沟通	91
航空运输类	理解他人	91
	服务他人	91
	积极聆听	91
城市轨道交通类	理解他人	90
	学习方法	88
	积极聆听	91
电子信息类	疑难排解	87
	有效的口头沟通	89
	理解他人	89
计算机类	疑难排解	87
	学习方法	89
	电脑编程	80
通信类	疑难排解	88
	有效的口头沟通	90
	积极学习	89
临床医学类	学习方法	84
	疑难排解	84
	理解他人	87
护理类	疑难排解	89
	理解他人	90
	积极学习	90
药学类	理解他人	88
	积极学习	87
	有效的口头沟通	89

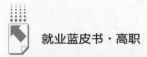
续表

专业类名称	最重要的3项基本工作能力	能力满足度
医学技术类	有效的口头沟通	92
	理解他人	90
	积极聆听	92
康复治疗类	积极学习	91
	有效的口头沟通	90
	积极聆听	90
金融类	谈判技能	89
	理解他人	89
	有效的口头沟通	88
财务会计类	学习方法	89
	有效的口头沟通	90
	理解他人	91
经济贸易类	谈判技能	89
	积极学习	90
	有效的口头沟通	91
工商管理类	时间管理	90
	判断和决策	92
	协调安排	89
市场营销类	谈判技能	91
	积极聆听	92
	理解他人	90
电子商务类	谈判技能	91
	判断和决策	91
	时间管理	91
物流类	时间管理	90
	积极聆听	91
	有效的口头沟通	89
旅游类	谈判技能	92
	理解他人	91
	积极聆听	91
餐饮类	服务他人	92
	积极聆听	91
	有效的口头沟通	89
艺术设计类	技术设计	87
	有效的口头沟通	88
	理解他人	90

专业类名称	最重要的 3 项基本工作能力	能力满足度
		续表
表演艺术类	积极学习	89
	理解他人	92
	指导他人	92
广播影视类	理解他人	90
	积极学习	86
	有效的口头沟通	89
教育类	学习方法	88
	指导他人	90
	理解他人	90
语言类	积极聆听	91
	理解他人	91
	积极学习	89
公共事业类	理解他人	90
	有效的口头沟通	91
	积极学习	89
公共管理类	理解他人	92
	积极学习	91
	积极聆听	92
公共服务类	积极聆听	88
	理解他人	90
	有效的口头沟通	90

注：个别专业类因为样本较少，没有包括在内。

资料来源：麦可思－中国 2023 届大学毕业生培养质量跟踪评价。

二　在校素养提升

素养提升：由毕业生选择大学帮助自己在哪些方面明显提升了素养。一个毕业生可选择多项，也可选择"没有任何帮助"。不同专业大类在素养培养上有各自的特点，故这里的素养选项有所不同。

立德树人作为高校人才培养的根本任务，其成效在学生素养的提升上得到了体现。2023 届高职各专业大类毕业生认为学校帮助自己获得素养提升的比例均达到或超过 95%。这表明学校在培养学生的综合素质和核心价值观方

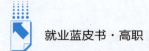

面取得了显著成效。

整体来看，毕业生在"理想信念""遵纪守法""诚实守信"等方面提升效果较为突出，其中"理想信念"的提升比例在各专业大类中均最为显著，普遍在80%及以上。

然而，毕业生在"数字素养""工匠精神""工程与社会"方面提升效果仍相对较弱，提升比例均不超过65%。这提示学校在培养学生的相关素养方面还需进一步加强。

不同专业大类在素养培养上所表现特点存在差异，具体见表9-4、表9-5、表9-6、表9-7。

表9-4　2023届高职主要专业大类毕业生在校期间的素养提升（一）

单位：%

农林牧渔大类	提升比例	资源环境与安全大类	提升比例	能源动力与材料大类	提升比例	土木建筑大类	提升比例
理想信念	83	理想信念	82	理想信念	82	理想信念	81
遵纪守法	78	遵纪守法	77	遵纪守法	79	遵纪守法	76
诚实守信	74	诚实守信	74	诚实守信	77	诚实守信	74
身心健康	74	身心健康	74	身心健康	76	身心健康	73
三农情怀	71	社会责任	67	科学精神	68	社会责任	65
社会责任	67	科学精神	66	社会责任	68	科学精神	65
劳动意识	67	环境意识	65	劳动意识	66	创新精神	63
科学精神	65	创新精神	64	人文底蕴	65	人文底蕴	62
创新精神	65	劳动意识	63	创新精神	64	劳动意识	62
环境意识	64	人文底蕴	62	工匠精神	64	工匠精神	60
人文底蕴	62	工程与社会	61	环境意识	63	工程与社会	60
审美能力	59	工匠精神	61	工程与社会	61	环境意识	60
工匠精神	59	数字素养	60	数字素养	60	审美能力	59
数字素养	57	审美能力	58	审美能力	59	数字素养	58
没有任何提升	5	没有任何提升	5	没有任何提升	4	没有任何提升	5

资料来源：麦可思－中国2023届大学毕业生培养质量跟踪评价。

表 9-5　2023 届高职主要专业大类毕业生在校期间的素养提升（二）

单位：%

装备制造大类	提升比例	生物与化工大类	提升比例	食品药品与粮食大类	提升比例	交通运输大类	提升比例
理想信念	82	理想信念	81	理想信念	84	理想信念	81
遵纪守法	77	遵纪守法	76	遵纪守法	81	遵纪守法	77
诚实守信	75	诚实守信	73	诚实守信	79	诚实守信	75
身心健康	74	身心健康	72	身心健康	78	身心健康	73
科学精神	66	科学精神	64	社会责任	70	社会责任	66
社会责任	65	社会责任	63	科学精神	69	科学精神	64
创新精神	64	人文底蕴	61	创新精神	66	劳动意识	62
劳动意识	63	创新精神	61	劳动意识	66	人文底蕴	62
工匠精神	63	劳动意识	60	人文底蕴	66	创新精神	61
人文底蕴	62	环境意识	60	环境意识	64	工匠精神	59
环境意识	60	工匠精神	57	审美能力	61	环境意识	59
数字素养	59	数字素养	56	工匠精神	61	审美能力	57
审美能力	58	工程与社会	55	数字素养	60	数字素养	56
工程与社会	57	审美能力	53	工程与社会	58	工程与社会	55
没有任何提升	5	没有任何提升	5	没有任何提升	4	没有任何提升	5

资料来源：麦可思－中国 2023 届大学毕业生培养质量跟踪评价。

表 9-6　2023 届高职主要专业大类毕业生在校期间的素养提升（三）

单位：%

电子信息大类	提升比例	医药卫生大类	提升比例	财经商贸大类	提升比例	旅游大类	提升比例
理想信念	80	理想信念	82	理想信念	83	理想信念	82
遵纪守法	77	医德医风	81	遵纪守法	79	遵纪守法	78
诚实守信	75	遵纪守法	79	诚实守信	77	诚实守信	77
身心健康	73	诚实守信	77	身心健康	76	身心健康	75

续表

电子信息大类	提升比例	医药卫生大类	提升比例	财经商贸大类	提升比例	旅游大类	提升比例
社会责任	65	身心健康	76	社会责任	66	社会责任	66
科学精神	65	健康卫生	71	科学精神	66	人文底蕴	64
创新精神	62	社会责任	68	商业道德	64	科学精神	63
人文底蕴	62	科学精神	66	创新精神	64	创新精神	63
劳动意识	61	劳动意识	65	人文底蕴	63	劳动意识	63
数字素养	59	人文底蕴	64	劳动意识	62	商业道德	60
审美能力	58	创新精神	64	审美能力	58	审美能力	59
工匠精神	57	审美能力	59	数字素养	58	工匠精神	55
环境意识	56	工匠精神	59	工匠精神	56	数字素养	55
工程与社会	53	数字素养	59	调查研究	56	调查研究	55
没有任何提升	5	没有任何提升	5	没有任何提升	4	没有任何提升	4

资料来源：麦可思－中国 2023 届大学毕业生培养质量跟踪评价。

表 9-7　2023 届高职主要专业大类毕业生在校期间的素养提升（四）

单位：%

文化艺术大类	提升比例	新闻传播大类	提升比例	教育与体育大类	提升比例	公共管理与服务大类	提升比例
理想信念	80	理想信念	82	理想信念	82	理想信念	83
遵纪守法	75	遵纪守法	77	教育情怀	73	遵纪守法	80
诚实守信	74	诚实守信	75	践行师德	73	诚实守信	78
艺术修养	73	身心健康	74	诚实守信	71	身心健康	77
身心健康	73	人文底蕴	72	身心健康	70	社会责任	69
审美能力	72	文化弘扬	70	依法执教	66	科学精神	65
创新精神	66	创新精神	70	社会责任	64	劳动意识	64
人文底蕴	64	社会责任	70	创新精神	62	创新精神	64
社会责任	64	审美能力	69	人文底蕴	61	人文底蕴	63
科学精神	64	科学精神	68	审美能力	61	商业道德	60

							续表
文化艺术大类	提升比例	新闻传播大类	提升比例	教育与体育大类	提升比例	公共管理与服务大类	提升比例
劳动意识	63	劳动意识	67	劳动意识	61	审美能力	59
工匠精神	59	数字素养	65	科学精神	60	调查研究	56
数字素养	59	工匠精神	64	数字素养	55	数字素养	55
没有任何提升	5	没有任何提升	4	工匠精神	53	工匠精神	55
				没有任何提升	5	没有任何提升	5

资料来源：麦可思－中国 2023 届大学毕业生培养质量跟踪评价。

B.10
2023 年高职毕业生对学校的满意度分析

摘　要： 2023 届高职毕业生对母校的满意度持续提升，达到 93%，反映出学校在教育服务和质量上的成效。毕业生对教学满意度上升至 93%，特别是"双高"院校的满意度达到 95%，显示了教学改革的成效。然而，毕业生认为课程内容的实用性和时效性需进一步加强，特别是电脑编程等数字技能的培养。核心课程满足度评价从 2019 届的 81% 上升至 90%，师生交流频度在"双高"院校略高于非"双高"院校。就业指导服务满意度提升至 91%，求职技能辅导效果评价最高。校园设施满足度持续提升，支撑学生成长成才。

关键词： 毕业生满意度　就业指导　高职生

一　对母校的总体满意度

毕业生对母校的满意度[①]稳中有升，反映了毕业生对学校教育教学与服务水平的整体认可。从近五年的数据来看，毕业生对母校的满意度从 2019 届的 91% 上升至 2023 届的 93%，五年内上升了 2 个百分点。从不同院校类型来看，"双高"院校毕业生对母校的满意度趋于稳定，非"双高"院校毕业生

[①] 对母校的总体满意度：由毕业生回答对母校的总体满意度，选项有"很满意""满意""不满意""很不满意""无法评估"共五项。其中，"满意""很满意"属于满意的范围，"不满意""很不满意"属于不满意的范围。对母校的总体满意度是回答满意范围的人数百分比，计算公式的分子是回答满意范围的人数，分母是回答不满意范围和满意范围的总人数。

对母校的满意度整体上升，与"双高"院校的差距有所缩小（见图 10-1、图 10-2）。这表明学校在提供教育服务、满足学生需求和提升教育质量方面取得了积极成效。

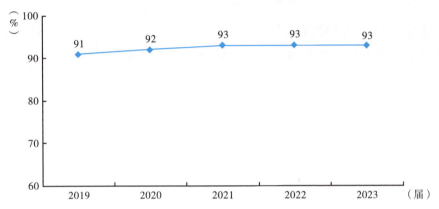

图 10-1 2019~2023 届高职毕业生对母校的总体满意度变化趋势

资料来源：麦可思 – 中国 2019~2023 届大学毕业生培养质量跟踪评价。

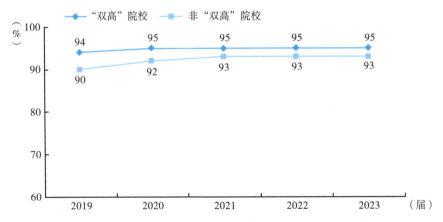

图 10-2 2019~2023 届各类高职院校毕业生对母校的总体满意度变化趋势

资料来源：麦可思 – 中国 2019~2023 届大学毕业生培养质量跟踪评价。

二 学生服务满意度

（一）教学满意度

毕业生对母校教学满意度[①]稳中有升，表明了学校在教学方面的不断努力和优化。从近五年的数据来看，高职毕业生对母校教学的满意度呈上升趋势，由 2019 届的 91% 上升至 2023 届的 93%。从不同院校类型来看，"双高"院校教学满意度更高且趋于稳定，2023 届为 95%；非"双高"院校教学满意度上升，2023 届达到 93%（见图 10-3、图 10-4）。这一趋势反映了学校在"三教"改革等方面取得明显成效，更大程度上满足了学生的学习需求和职业发展需求。

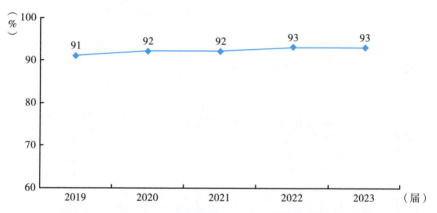

图 10-3　2019~2023 届高职毕业生对母校的教学满意度变化趋势

资料来源：麦可思－中国 2019~2023 届大学毕业生培养质量跟踪评价。

2023 届毕业生认为学校的实践教学和教学方法有所优化，但在课程内容方面需进一步加强。具体来看，2023 届毕业生认为"课程内容不实用或陈旧"

---

① 教学满意度：由毕业生回答对母校的教学满意度，选项有"很满意""满意""不满意""很不满意""无法评估"共五项。其中，"满意""很满意"属于满意的范围，"不满意""很不满意"属于不满意的范围。教学满意度是回答满意范围的人数百分比，计算公式的分子是回答满意范围的人数，分母是回答不满意范围和满意范围的总人数。

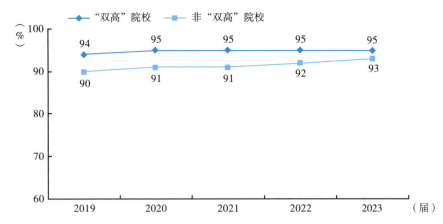

图 10-4　2019~2023 届各类高职院校毕业生对母校的教学满意度变化趋势

资料来源：麦可思－中国 2019~2023 届大学毕业生培养质量跟踪评价。

的比例（29%）较前两届有所上升（见图 10-5）。这提示课程内容的实用性和时效性仍然是需要关注和改进的方面。面对产业优化升级的不断深入，学校需注重课程内容的及时更新，以确保教育与产业需求、社会发展保持同步。这要求学校与行业企业紧密合作，了解最新的行业动态和技术趋势，并将这些信息及时融入课程与教学中。

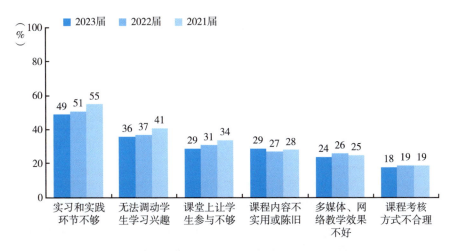

图 10-5　2021~2023 届高职毕业生认为母校的教学需要改进的地方

资料来源：麦可思－中国 2021~2023 届大学毕业生培养质量跟踪评价。

（二）核心课程评价

高职课程设置与实际工作岗位需求之间的匹配程度整体保持稳定。从近五年的数据来看，从事专业相关工作的高职毕业生对核心课程的重要度[①]评价基本稳定，2023届为89%。从不同院校类型来看，2023届"双高"院校和非"双高"院校毕业生对核心课程的重要度评价均为89%（见图10-6、图10-7）。

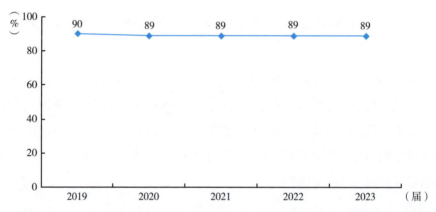

图10-6　2019~2023届工作与专业相关高职毕业生的核心课程重要度变化趋势

资料来源：麦可思-中国2019~2023届大学毕业生培养质量跟踪评价。

核心课程培养效果逐年提升。从近五年的数据来看，高职从事专业相关工作的毕业生对核心课程的满足度[②]评价稳步提升，从2019届的81%上升至2023届的90%，五年内上升了9个百分点。从不同院校类型来看，"双高"院校核心课程满足度从2019届的79%上升至2023届的90%，非"双高"院校

[①]　课程的重要度：由从事专业相关工作的毕业生判定课程在自己的工作中是否重要。毕业生认为课程对工作的重要度评价分为"无法评估""不重要""有些重要""重要""非常重要""极其重要"，其中"有些重要""重要""非常重要""极其重要"属于重要的范围。

[②]　课程的满足度：回答了课程"有些重要"到"极其重要"的毕业生会被要求回答课程训练是否满足工作要求，满足度指标是回答某课程能满足工作需要的百分比。计算公式的分子是回答"满足"的人数，分母是回答"满足"和"不满足"的总人数。

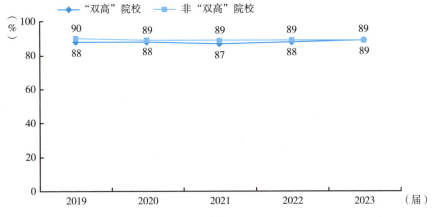

图 10-7　2019~2023 届各类高职院校工作与专业相关毕业生的
核心课程重要度变化趋势

资料来源：麦可思－中国 2019~2023 届大学毕业生培养质量跟踪评价。

从 2019 届的 81% 上升至 2023 届的 90%，五年内分别上升了 11 个、9 个百分点（见图 10-8、图 10-9）。这表明毕业生对于所学的核心课程内容和培养效果感到满意。

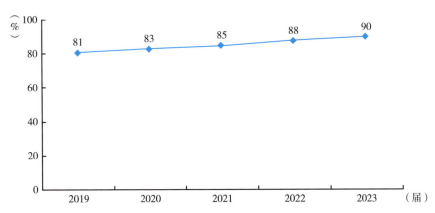

图 10-8　2019~2023 届工作与专业相关高职毕业生的核心课程满足度变化趋势

资料来源：麦可思－中国 2019~2023 届大学毕业生培养质量跟踪评价。

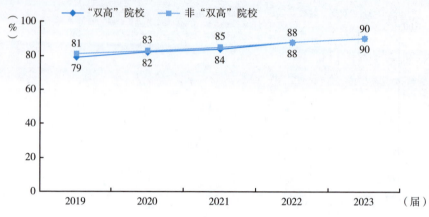

图 10-9　2019~2023 届各类高职院校工作与专业相关毕业生的
核心课程满足度变化趋势

资料来源：麦可思 – 中国 2019~2023 届大学毕业生培养质量跟踪评价。

从不同专业大类来看，医药卫生大类、公共管理与服务大类、教育与体育大类核心课程重要度及满足度均较高；电子信息大类核心课程重要度相对较低（见图 10-10）。电子信息大类与快速发展的数字产业高度关联，这要求课程设置、课程内容紧密结合产业发展和技术进步，并要注重课程内容的及时更新。

（三）师生交流频度

六成以上毕业生与任课教师课下交流频繁。具体来看，2023 届有 66% 的毕业生与任课教师"每周至少一次"或"每月至少一次"课下交流，其中"双高"院校毕业生与任课教师"每周至少一次"或"每月至少一次"课下交流的比例（68%）略高于非"双高"院校（64%）（见图 10-11）。师生互动是教法改革的重点之一，也是"学生中心"理论的重要体现，在落实学生学习指导工作上，任课教师负主体责任。相关院校可建立健全相应工作机制，进一步提升师生之间的有效互动与交流水平。

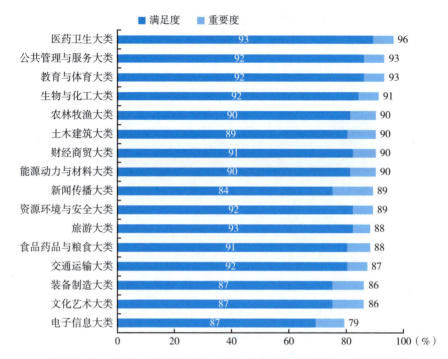

图 10-10　2023 届高职各专业大类工作与专业相关毕业生的核心课程
重要度和满足度评价

注：个别专业大类因为样本较少，没有包括在内。

资料来源：麦可思 - 中国 2023 届大学毕业生培养质量跟踪评价。

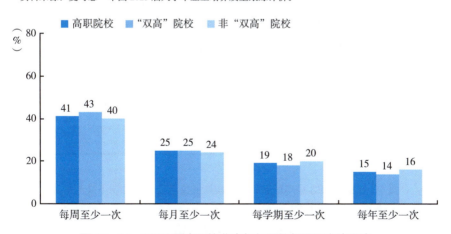

图 10-11　2023 届高职毕业生与任课教师课下交流程度

资料来源：麦可思 - 中国 2023 届大学毕业生培养质量跟踪评价。

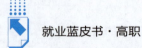

不同专业大类学生与任课教师进行课下交流的频率存在显著差异。与任课教师"每周至少一次"或"每月至少一次"课下交流比例较高的是装备制造大类（70%）、资源环境与安全大类（70%）、文化艺术大类（68%）、土木建筑大类（68%）、能源动力与材料大类（68%），较低的是医药卫生大类（59%）（见图10-12）。

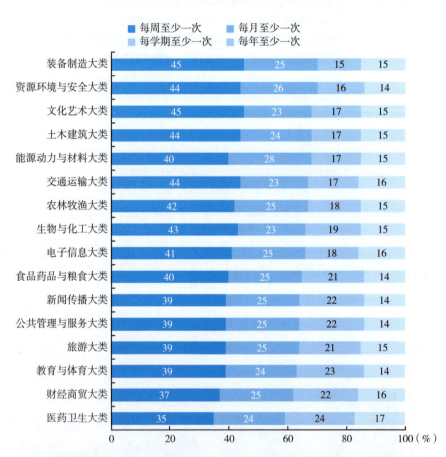

图 10-12　2023届高职各专业大类毕业生与任课教师课下交流程度

注：个别专业大类因为样本较少，没有包括在内。

资料来源：麦可思－中国2023届大学毕业生培养质量跟踪评价。

（四）求职服务满意度

学校就业指导服务的持续改进和成效提升对于毕业生顺利进入职场具有重要意义。数据显示，高职毕业生对学校就业指导服务的满意度[1] 呈上升趋势，从 2019 届的 87% 上升至 2023 届的 91%，五年内上升了 4 个百分点（见图 10-13）。这表明学校在就业指导方面的努力已经得到了学生的认可与肯定。

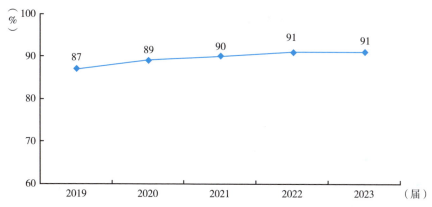

图 10-13　2019~2023 届高职毕业生对就业指导服务的满意度变化趋势

资料来源：麦可思 – 中国 2019~2023 届大学毕业生培养质量跟踪评价。

从不同院校类型来看，"双高"院校、非"双高"院校均呈现持续上升的趋势，且"双高"院校更高。2023 届"双高"院校、非"双高"院校毕业生对就业指导服务的满意度分别达到 93%、90%（见图 10-14）。

从学校开展的具体求职服务来看，八成以上（82%）毕业生接受过学校提供的求职服务。其中，参与最多的是"学校组织的线下招聘会"（50%），

---

[1]　就业指导服务满意度：由毕业生回答对母校就业指导服务的满意度，选项有"很满意""满意""不满意""很不满意""无法评估"共五项。其中，"满意""很满意"属于满意的范围，"不满意""很不满意"属于不满意的范围。就业指导服务满意度是回答满意范围的人数百分比，计算公式的分子是回答满意范围的人数，分母是回答不满意范围和满意范围的总人数。

149

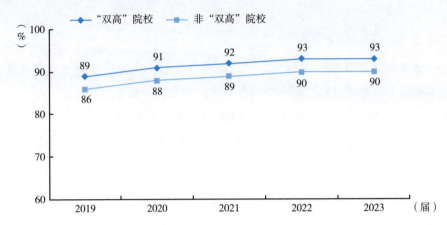

图 10-14　2019~2023 届各类高职院校毕业生对就业指导服务的满意度变化趋势

资料来源：麦可思－中国 2019~2023 届大学毕业生培养质量跟踪评价。

其次是"学校组织的线上招聘会"（37%）。从求职服务效果来看，毕业生对"辅导求职技能"的有效性评价（94%）最高，对"学校组织的线下招聘会"的有效性评价（89%）相对较低（见图 10-15）。这可能意味着线下招聘会需要更多的改进和创新，以提高其吸引力和实用性。

图 10-15　2023 届高职毕业生参与过求职服务的比例及有效性评价

资料来源：麦可思－中国 2023 届大学毕业生培养质量跟踪评价。

毕业生获取第一份工作的渠道是了解就业市场动态和高校就业指导服务效果的重要指标。2023 届高职毕业生通过实习和专业求职网站（包括 App、论坛、微信公众号等）获得第一份工作的比例（均为 23%）最高，这表明这两种渠道在毕业生就业过程中发挥了关键作用（见图 10-16）。

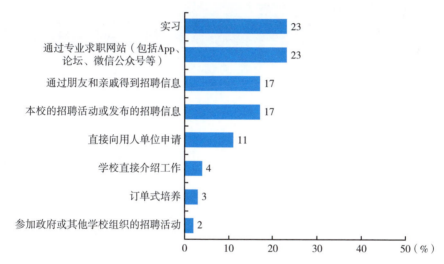

图 10-16　2023 届高职毕业生获得第一份工作的渠道分布

资料来源：麦可思－中国 2023 届大学毕业生培养质量跟踪评价。

（五）学生工作满意度

毕业生对母校学生工作的满意度[①]呈上升趋势，反映学校在育人工作方面的努力取得了积极成效。从近五年的数据来看，毕业生对学生工作的满意度由 2019 届的 89% 上升至 2023 届的 92%；从不同院校类型来看，"双高"院校、非"双高"院校毕业生对母校学生工作的满意度均表现出上升趋势，

---

① 学生工作满意度：由毕业生回答对母校的学生工作满意度，选项有"很满意""满意""不满意""很不满意""无法评估"共五项。其中，"满意""很满意"属于满意的范围，"不满意""很不满意"属于不满意的范围。学生工作满意度是回答满意范围的人数百分比，计算公式的分子是回答满意范围的人数，分母是回答不满意范围和满意范围的总人数。

2023届分别达到93%、92%（见图10-17、图10-18）。这表明学生工作在满足学生需求、提升学生体验和促进学生全面发展方面持续进步。

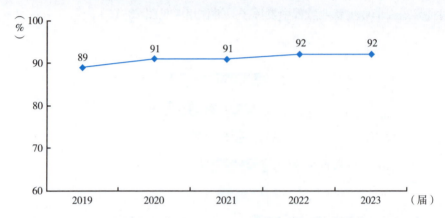

图10-17　2019~2023届高职毕业生对母校的学生工作满意度变化趋势

资料来源：麦可思－中国2019~2023届大学毕业生培养质量跟踪评价。

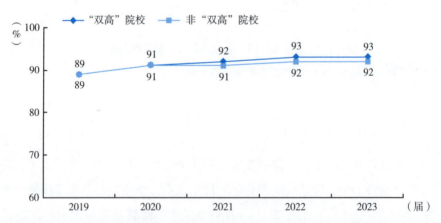

图10-18　2019~2023届各类高职院校毕业生对母校的学生工作满意度变化趋势

资料来源：麦可思－中国2019~2023届大学毕业生培养质量跟踪评价。

（六）校园环境支撑

校园内的学习和生活设施是支持学生成长成才的关键要素，对学生的学习成长和个人兴趣培养起着至关重要的作用。从近三年的数据来看，教室及教学设备对学生学习需求的满足度持续较高，2021~2023 届高职毕业生对其满足度评价均在 90% 以上；另外，图书馆与图书资料，实验室及相关设备，计算机、校园网等信息化设备，运动场及体育设施，艺术场馆均持续改善，毕业生对上述设施的满足度评价均呈现逐年上升的趋势（见图 10-19）。

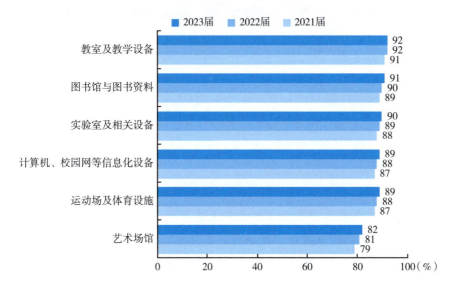

图 10-19　2021~2023 届高职毕业生认为各项校园设施对自身学习需求的满足度

资料来源：麦可思 – 中国 2021~2023 届大学毕业生培养质量跟踪评价。

专 题 报 告

B.11
2023 年行业类高职院校行业适应度分析

摘　要： 本文聚焦工程类公办行业特色高职院校，探讨了院校在专业设置、行业贡献度及培养质量方面的行业适应度。研究发现，这些院校专业设置具有明显的行业特色，行业相关占比超过50%。铁路类和电力水利类院校的行业匹配度较高，毕业生在相关行业就业比例超过60%，需持续关注行业需求变化。电子信息类院校对信息行业的贡献度较低，但其跨领域适应性强。机电类院校在专业集群发展和行业适应性方面表现良好。培养质量方面，针对新兴产业，特别是电子信息大类专业，行业院校的培养质量需提升，以解决专业培养与岗位需求不匹配的问题。提升"双师型"教师比例和校企合作教材是关键。院校应通过专业调整、教学优化、产教融合和建立教学评估机制，确保人才培养与行业标准紧密对接。

关键词： 行业院校　专业设置　行业贡献　培养质量　高职生

高职行业类院校人才培养服务于特定行业领域，专业设置集中度和针对性较强，与行业所属企业连接紧密，对于促进毕业生高质量就业、助力行业发展具有重要意义。随着全球化和技术革新的加速，行业类院校专业设置和人才培养是否与产业需求匹配？人才培养的支撑效果如何？对其他院校具有怎样的示范作用？

本文将以工程类行业特色院校中覆盖学校数量较多，聚焦先进制造业、新一代信息技术产业、现代服务业、基础建设等领域的院校为主进行分析，院校培养方向主要为工程技术人才，同类之间可进行比较。下文选取电子信息类、电力水利类、交通类、建筑类、铁路类、机电类公办高职院校进行分析，为职业院校增强职业教育适应性提供参考。

一　专业设置：适应行业发展需求

（一）专业设置集中度体现办学特色

行业类专业[①]数量占全校开设专业总数的比例能在一定程度上反映学校专业设置的集中度和行业特色化程度，该比例越高意味着学校在特定行业领域投入的办学资源更加集中，这对人才培养质量的提升以及服务贡献能力的增强具有促进作用。

专业设置行业特色明显。与十年前相比，高等职业教育专科专业设置备案和审批结果显示，高职行业类院校在专业设置上更凸显了行业特色，其中行业类专业的设置占比超过 50%。特别是机电类院校，其行业类专业的设置比例高达 70% 以上（见表 11-1），此外，铁路类和电子信息类院校在行业类专业设置比例上也有明显的提升。这一趋势反映出行业类院校在专业设置上正聚焦于服务各自行业的特定发展需求。

---

① 行业类专业是指专业为所属院校的行业特色专业。

表 11-1　行业院校中的行业类专业占比

单位：%

行业院校	2023 年	2013 年
机电类	73.6	74.3
建筑类	64.2	65.0
电子信息类	63.4	59.5
铁路类	63.3	53.1
电力水利类	55.1	53.7
交通类	54.7	53.2

资料来源：2013 年、2023 年高等职业教育专科专业设置备案和审批结果。

（二）行业就业匹配度体现服务贡献

毕业生在所属院校特色行业就业的比例[①] 这一指标是衡量职业教育与市场需求匹配度的关键指标，体现了专业设置的合理性、教育质量的高低以及行业对毕业生的吸引力。对院校专业调整具有重要的指导意义。

铁路类、电力水利类院校行业匹配度高，仍需关注行业需求变化。铁路类和电力水利类院校毕业生在近三年中有超过 60% 的人在相关行业就业，这表明这类院校的专业设置与铁路、电力水利行业的需求高度匹配，使得毕业生能够从事行业相关领域的工作。然而，对于铁路类、建筑类院校，毕业生在相关行业就业的比例近三年有下降趋势，尤其是在建筑业的就业比例下降较为明显。这种变化可能是宏观经济环境变化和行业结构调整的结果，导致对传统行业人才需求的减少。该类院校需密切关注行业需求的动态变化，并适时调整人才培养方案和专业结构，以适应新兴行业和市场的人才需求。

电子信息类院校对信息行业贡献度低，但跨领域的灵活性和适应性高。电子信息类院校近三年毕业生有 22%~25% 在信息行业就业（见表 11-2）。以某信息类职业院校为例，毕业生除了在信息行业就业，还在智能制造、装备

---

① 特色行业就业比例：就业的毕业生中，在院校所属相关行业就业的比例。

制造、运输行业就业，其就业与专业的相关度均在 70% 以上，这反映了电子信息类院校可跨多领域贡献信息类人才支撑，特别是满足一些新兴产业的人才需求。

机电类院校专业集群发展和行业适应性较好。机电类院校行业类专业的设置比较集中，也存在行业类专业招生规模有下降的情况。以某机电类职业院校为例，行业类专业数占比，十年间保持在 80% 左右，但行业类专业招生比例有明显下降（约 10 个百分点），这方面的变化并没有影响该校对于机电相关行业的人才贡献度，从毕业生在相关行业就业的比例来看，十年间上升了 5 个百分点，说明学校在行业领域上的专业集群发展建设成效和行业适应性较好。

表 11-2　行业院校毕业生在相关行业就业的比例

单位：%

行业院校	2023 届	2022 届	2021 届
铁路类	69.4	73.5	72.6
电力水利类	61.7	60.1	61.1
建筑类	46.8	48.3	50.7
机电类	46.2	45.6	41.5
交通类	39.7	40.8	44.2
电子信息类	22.6	24.5	24.1

资料来源：麦可思－中国 2021~2023 届大学毕业生培养质量跟踪评价。

（三）行业就业匹配度高的院校（举例）

根据麦可思 2021~2023 届大学毕业生培养质量跟踪评价，列举工程类公办行业院校中，毕业生在相关行业就业比例较高的院校（见表 11-3）。选取标准为毕业生在相关行业就业比例高，且该指标在同类院校中排位前 10% ~ 20%。从表 11-3 中可见，大多数院校的专业设置集中度较高，在 60% 以上，与行业匹配度呈正相关趋势。

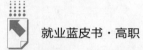

表 11-3 毕业生在相关行业就业的比例较高的行业院校举例

类型	学校名称	专业设置集中度（%）
铁路类	吉林铁道职业技术学院	82.9
铁路类	湖南铁道职业技术学院	64.9
铁路类	柳州铁道职业技术学院	70.2
电力水利类	重庆电力高等专科学校	64.5
电力水利类	武汉电力职业技术学院	100
建筑类	湖南城建职业技术学院	100
建筑类	广西建设职业技术学院	70.7
机电类	天津机电职业技术学院	87.5
交通类	北京交通运输职业学院	67.6
电子信息类	广东邮电职业技术学院	70.0
电子信息类	四川邮电职业技术学院	65.0

资料来源：麦可思－中国 2021~2023 届大学毕业生培养质量跟踪评价；2023 年高等职业教育专科专业设置备案和审批结果。

二 培养质量：提升关键办学能力

（一）服务新兴产业的行业院校培养亟待改进

毕业生的培养质量主要依据毕业生工作与专业相关度、就业满意度、初始薪资水平、职业能力达成度来综合分析。各指标内涵如表 11-4 所示。

表 11-4 培养质量指标内涵

指标	内涵
工作与专业相关度	毕业生通过判断自己的工作是否用到了所学的专业知识，反映专业培养与市场岗位的匹配程度
就业满意度	毕业生对目前工作的主观评价，反映毕业生对就业质量的满意程度
初始薪资水平	初始薪资水平是毕业生就业质量的直观体现，反映毕业生在就业市场上的竞争力水平
职业能力达成度	衡量毕业生掌握的职业技能是否满足工作岗位的需求情况，反映毕业生职业能力培养效果

电子信息类、交通类、机电类院校培养质量偏低。 电子信息类、交通类和机电类院校培养质量相对其他类型院校更低，毕业生从事工作与专业相关度（分别为 51%、58%、59%）较低，就业满意度（均为 79%）也偏低（见表11-5）。

行业院校	工作与专业相关度（%）	就业满意度（%）	月收入（元）	职业能力达成度（%）
铁路类	76	86	6035	85
电力水利类	68	82	4970	84
建筑类	67	80	4819	86
机电类	59	79	5094	85
交通类	58	79	4736	84
电子信息类	51	79	4745	84

表 11-5　行业院校毕业生培养质量情况

资料来源：麦可思－中国 2023 届大学毕业生培养质量跟踪评价。

电子信息类培养内容与岗位需求不匹配。 具体来看，电子信息类院校 2023 届毕业生因"达不到专业相关工作的要求"而选择与专业无关工作的比例（16%）明显高于其他类院校（11%）。此类院校特色专业（电子信息类专业）2023 届毕业生对核心课程的重要度（79%）评价明显低于全国高职（2023 届 89%）。

交通类、机电类院校毕业生在先进制造业（如机械设备制造业、电子电气设备制造业）贡献较多，且行业需求有上升趋势。这两类院校的特色专业中装备制造类大类专业毕业生的工作与专业相关度逐年上升；专业布点数量紧随其后的是电子信息大类专业，其毕业生从事专业相关工作的比例相对较低且呈下降趋势（见表11-6）。与电子信息类院校类似，交通类和机电类院校的电子信息大类专业毕业生因"达不到专业相关工作的要求"而选择与专业无关工作的比例（2023 届为 19%）较为突出，专业核心课程对其能力提升的支撑效果较弱，近四成毕业生（2023 届为 34%）表示课程内容不实用或陈旧。

综上所述，新一代信息技术更新迭代速度较快，课程设置滞后于行业发展，不适应行业发展的新趋势、新要求。这在信息行业、智能制造、装备制造等领域表现得比较明显。

表 11-6　机电类和交通类院校主要专业大类工作与专业相关度

单位：%

主要专业大类	2023 届	2022 届	2021 届
装备制造类大类	62	59	53
电子信息大类	45	48	47

资料来源：麦可思－中国 2021~2023 届大学毕业生培养质量跟踪评价。

（二）五金"新基建"是提升培养质量的核心

核心课程有效性这一指标是衡量课程设置和内容是否符合行业最新标准和发展趋势的关键指标，反映了专业核心课程设置的合理性、培养效果对毕业生能力达成的支撑情况。

综上分析，可以得出电子信息大类专业课程建设与行业需求的匹配度低，在电子信息类、交通类、机电类行业特色院校中存在共性问题。

计算机类、电子信息类专业核心课程有效性低。从各专业方向来看，计算机类和电子信息类专业核心课程重要度较低（2023 届分别低于全国高职 9 个、10 个百分点），说明课程设置与实际岗位需要不匹配，同时这两类专业核心课程满足度也较低（2023 届分别低于全国高职 4 个、3 个百分点）（见表 11-7），说明课程的内容和教学效果不能够满足工作需要。

表 11-7　电子信息类、交通类和机电类院校电子信息大类专业核心课程有效性评价

单位：%

专业中类	核心课程重要度			核心课程满足度		
	2023 届	2022 届	2021 届	2023 届	2022 届	2021 届
通信类	89	85	80	94	90	84
计算机类	80	82	79	86	83	79

续表

专业中类	核心课程重要度			核心课程满足度		
	2023 届	2022 届	2021 届	2023 届	2022 届	2021 届
电子信息类	79	80	80	87	86	80
电子信息大类专业	81	82	79	88	85	80
全国高职	89	89	89	90	88	85

资料来源：麦可思－中国 2021~2023 届大学毕业生培养质量跟踪评价。

教师教学效果有待提升。从毕业生对专业教学的改进期待来看，电子信息类专业教学效果不够好，毕业生认为教学中无法调动学生兴趣（2023 届高于全国高职 8 个百分点）、在线教学效果不够好（2023 届高于全国高职 6 个百分点）。

课程教材亟待改进。从毕业生对专业教学的改进期待来看，计算机类和电子信息类专业课程内容的实用性问题较大（2023 届均高于全国高职 7 个百分点）（见表 11-8）。

表 11-8　电子信息类、交通类和机电类院校电子信息大类专业教学需要改进的地方
单位：%

毕业生认为母校的教学需要改进的地方	电子信息类	计算机类	全国高职
实习和实践环节不够	46	51	49
无法调动学生学习兴趣	44	38	36
课程内容不实用或陈旧	36	36	29
课堂上让学生参与不够	33	32	29
多媒体、网络教学效果不好	30	24	24
课程考核方式不合理	23	18	18

资料来源：麦可思－中国 2023 届大学毕业生培养质量跟踪评价。

双师素质专任教师比例和校企合作编写教材数量反映了院校教学资源和课程的实用性，也是衡量产教深度融合效果的两个关键指标。提升双师型教师比例能够加强教学的实践性，而增加校企合作编写的教材数量则可确保课程内容与行业需求同步更新，有助于增强学生的职业技能和就业竞争力，实现教学培养与行业需求的有效对接。

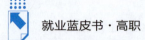

产教深度融合促进就业质量提升。根据对上述各类院校的双师素质专任教师比例、校企合作编写教材数量的分析发现，双师素质专任教师比例、校企合作编写教材数量均较高的院校，毕业生培养质量显著较高（见表 11-9）。通过对电子信息类、交通类、机电类行业院校的教学计划内课程总门数、双师素质专任教师比例、校企合作编写教材数量的分析发现，机电类院校生师比（2023 年为 19.29，明显高于全国高职中位数 17.48）偏高，"双师型"教师比例（2023 年为 60%，低于其他行业特色院校 63%）略低。

表 11-9 "双师型"教师和校企合作投入对培养质量的影响

双师素质专任教师和校企合作编写教材数量	工作与专业相关度（%）	就业满意度（%）	毕业半年后月收入（元）
较多	58	82	5037
较少	52	77	4720

资料来源：麦可思 – 中国 2021~2023 届大学毕业生培养质量跟踪评价；各高职院校发布的 2023 年度高等职业教育质量报告。

（三）培养质量较高的院校（举例）

根据麦可思 2021~2023 届大学毕业生培养质量跟踪评价，列举工程类公办行业院校中，毕业生培养质量较高的院校（见表 11-10）。选取标准为培养质量指标较高，且该指标在同类院校中排位前 10% ~ 20%，采用 "√" 标注。从表中可见，半数以上院校的专业课程、双师队伍、产教融合、校企合作教材建设效果较好。

表 11-10 毕业生培养质量较高的行业特色院校举例

类型	学校名称	工作与专业相关度	就业满意度	月收入	职业能力满足度	核心课程重要度	核心课程满足度	双师素质专任教师比例（%）	校企合作编写教材数量（本）
铁路类	吉林铁道职业技术学院	√	√	√			√	48.18	43
铁路类	柳州铁道职业技术学院	√	√	√			√	80.85	109

续表

类型	学校名称	工作与专业相关度	就业满意度	月收入	职业能力满足度	核心课程重要度	核心课程满足度	双师素质专任教师比例（%）	校企合作编写教材数量（本）
建筑类	内蒙古建筑职业技术学院	√	√				√	79.65	23
电力水利类	武汉电力职业技术学院	√	√	√				82.02	25
电力水利类	重庆电力高等专科学校	√	√	√		√		76.44	28
电力水利类	福建水利电力职业技术学院	√	√		√		√	60.04	18
机电类	广东机电职业技术学院	√	√	√	√	√	√	90.22	58
交通类	北京交通运输职业学院	√	√	√	√	√	√	65.98	14
电子信息类	福建信息职业技术学院	√	√		√			67.13	16
电子信息类	深圳信息职业技术学院	√		√				86.73	81

资料来源：麦可思－中国 2021~2023 届大学毕业生培养质量跟踪评价；各高职院校发布的 2023 年度高等职业教育质量报告。

三　启示：提升高职行业类院校人才培养
与行业需求的契合度

高职院校在提升职业教育适应性的过程中，首先需要与行业需求保持紧密对接，通过动态调整专业设置来响应市场变化，特别是在电子信息等技术快速发展的领域。这需要院校不仅关注当前的行业趋势，还要预见未来的技能需求，以便及时更新教学内容和课程体系。此外，加强实践教学是提升培养质量的关键，这包括提高"双师型"教师比例，加强校企合作，以及通过实习和实训项目增强学生的职业技能和行业适应能力。这些措施有助于确保毕业生能够满足企业的即时需求，并具备长期职业发展的潜力。

同时，高职院校应建立持续的教学质量评估和反馈机制，定期跟踪毕业生的就业情况和职业发展，以此为依据不断优化教学计划。通过这种数据驱动的改进，院校能够更好地调整教育策略、提升教育质量。此外，发展较快的院校应积极发挥示范作用，与其他院校分享成功的教学改革和产教融合经验，共同推动职业教育的整体进步。

参考文献

中共中央办公厅、国务院办公厅印发《关于深化现代职业教育体系建设改革的意见》，新华社，2022-12-21。

《教育部办公厅关于加快推进现代职业教育体系建设改革重点任务的通知》，教职成厅函〔2023〕20号。

王磊、刘畅:《产教融合下的高职教育专业设置优化研究》，《高等教育研究》2023年第1期。

张华、赵刚:《高职院校"双师型"教师队伍建设研究》，《职业技术教育》2022年第8期。

B.12
2023年生源下降背景下学前教育供给与人才培养分析

摘　要： 随着出生人口的持续下降，学前教育领域面临师资供大于求的挑战。当然城乡、区域之间学前教育资源配置的差异仍较大，城镇和东部地区学前教育资源较集中，乡村和中西部地区仍面临师资短缺问题。据统计，学前教育专任教师中专科学历者占比58%，而近年来学前教育专业高职毕业生在该领域从教的比例下降了10.2个百分点，东部发达地区教师学历水平的上移也对高职生形成挤压，导致东部地区学前教育岗位竞争激烈。为应对这些变化，高职院校需优化学前教育专业的培养规模，并注重提升学生的教育教学实践能力。

关键词： 学前教育　供需匹配　专业培养　学历上移　高职生

2016年受"全面二孩"政策红利影响，全年出生人口达到1786万，为近20年的高峰。随后出生人口数出现断崖式下降，出生率持续下降，2020年出生率（8.52‰）首次跌破10‰，2022年出生人数首次跌破千万（956万），2023年进一步下降至902万（见图12-1）。学前教育事业的发展与新出生人口数量的变化密不可分，伴随着出生人口数、出生率的逐年下降，学前教育领域受到的影响在各级各类教育中首当其冲。

本专题将从学前教育的供需现状入手，分析在适龄人口下降的背景下如何做好供需平衡以匹配学前教育事业发展的新趋势、新要求。同时也将分析高职学前教育相关专业培养方面的问题，从而为后续的优化、调整与改进提供参考。

图 12-1　2016~2023 年全国出生人口数与出生率变化趋势

资料来源：中华人民共和国国家统计局。

一　学前教育教师供大于求

学前教育教师已出现供大于求的情况。从全国学前教育事业发展基本情况来看，我国学前教育整体规模有所缩小，在园幼儿人数五年内减少了 620 多万人，下降幅度为 13.2%；学前教育专任教师规模整体有所扩大，五年内增加了 31.06 万人，但 2023 年相比前一年开始下滑（见表 12-1）。相关研究指出，2025~2030 年，即使毛入园率为 100%，在园人数也可能下降至 3000 万人，学前教育的总量规模将进入一个剧烈收缩期[1]。届时即使生师比优化至 10∶1[2]，所需的专任教师规模也将小于目前水平。

---

① 张守礼、冉甜：《学前教育发展方向与生态变革》，熊丙奇主编《2021 年中国教育观察》，社会科学文献出版社，2021，第 89~108 页。

② 美国幼教协会（NAEYC）、全美认证委员会（NAC）和全美幼儿教育计划认证（NECPA）提出的适宜生师比建议大约为 7∶1-10∶1。

表 12-1　2019~2023 年全国学前教育事业发展基本情况

指标名称	2023 年	2022 年	2021 年	2020 年	2019 年
幼儿园数量（万所）	27.44	28.92	29.48	29.17	28.12
在园幼儿人数（万人）	4092.98	4627.55	4805.21	4818.26	4713.88
专任教师人数（万人）	307.37	324.42	319.1	291.34	276.31
生师比	13.32	14.26	15.06	16.54	17.06

资料来源：中华人民共和国教育部。

　　高职毕业生是学前教育教师的主要来源，教育部更新至 2022 年的教育统计数据显示，学前教育专任教师中，专科学历的占比（58%）接近六成。从在学前教育领域就业高职毕业生的专业构成来看，学前教育专业占了近八成（76.8%），是服务该领域的主体（见图 12-2）。近年来，该专业毕业生在学前教育领域从教的比例下降较多，从 2019 届的 71.4% 下降至 2023 届的 61.2%（见图 12-3），这在一定程度上反映出学前教育教师已出现供大于求的情况。

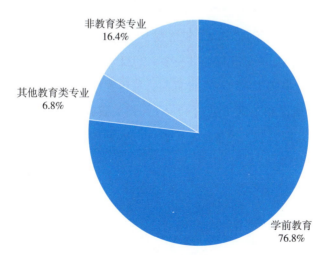

图 12-2　在学前教育领域就业高职毕业生的专业分布

资料来源：麦可思 - 中国 2021~2023 届大学毕业生培养质量跟踪评价。

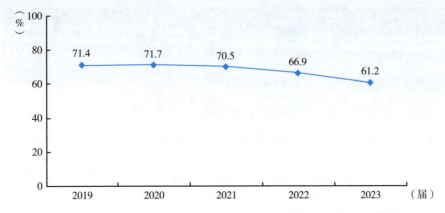

图 12-3　学前教育专业毕业生在学前教育领域从教的比例变化趋势

资料来源：麦可思－中国 2019~2023 届大学毕业生培养质量跟踪评价。

二　调整供需：关注城乡和区域差异

（一）乡村地区、中西部地区师资短缺压力有待进一步缓解

关注乡村地区对学前教育师资的需求。在人口下降以及乡村人口不断流出的形势下，学前教育资源进一步向城镇集中，在 2018~2022 年这五年间，城区幼儿园数量持续增加，2022 年达到 10.25 万所；而在以往幼儿园数量最多的乡村地区，近年来幼儿园撤并较多，2022 年数量减少至 9.17 万所，已低于城区和镇区（见表 12-2）。与此同时，值得关注的是，乡村地区幼儿园的生师比仍高于城区和镇区（见图 12-4）。相关研究指出，根据 2013 年教育部发布的《幼儿园教职工配备标准（暂行）》，我国学前教育生师比不应高于 17.5：1[①]。

---

① 闵慧祖、王海英、杨田：《低生育率背景下学前教育高质量发展：机遇、挑战与应对》，《教育发展研究》2023 年第 12 期。

表 12-2 2018~2022 年城区、镇区、乡村幼儿园数量变化趋势

单位：万所

幼儿园数量	2022 年	2021 年	2020 年	2019 年	2018 年
城区	10.25	9.96	9.5	8.96	8.37
镇区	9.50	9.67	9.52	9.29	8.89
乡村	9.17	9.85	10.14	9.87	9.41

资料来源：中华人民共和国教育部。

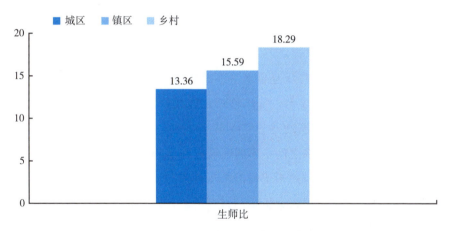

图 12-4 2022 年城区、镇区、乡村幼儿园的平均生师比

资料来源：中华人民共和国教育部。

不同区域之间学前教育资源的配置仍需进一步均衡，中西部地区需重点关注。从不同区域来看，学前教育资源进一步向东部地区集中，教育部 2018~2022 年的教育统计数据显示，东部地区幼儿园数量从 2018 年的 8.64 万所增至 2022 年的 9.83 万所，学前教育专任教师人数从 2018 年的 110.33 万人增至 2022 年的 139.05 万人，生师比从 2018 年的 16.13:1 优化至 2022 年的 13.60：1。相比之下，中部、西部地区学前教育生师比相对较高，2022 年分别为 14.69：1、15.35：1，其中云南、广西、西藏等地的生师比较为突出（见图 12-5）。

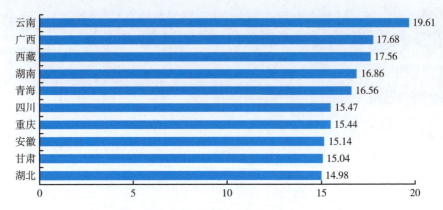

图 12-5　2022 年学前教育生师比最高的前 10 个省份

资料来源：中华人民共和国教育部。

　　近年来，学前教育普及普惠水平不断提高，教育部公布的 2023 年全国教育事业发展基本情况显示，普惠性幼儿园数量（23.64 万所）已占全国幼儿园总数的 86.16%，在园幼儿（3717.01 万人）已占全国在园幼儿总人数的 90.81%。与此同时，城乡之间、不同区域之间学前教育资源配置的差异仍较大，部分地区的普惠资源短板仍需进一步补齐，学前教育师资短缺的压力有待进一步缓解。各地可深入分析学前教育适龄人口的变化趋势，并据此提前做好教育资源的规划与调配，确保供需之间的精准匹配，同时更好地促进幼儿园保教质量的提升。

（二）东部发达地区教师学历上移明显

　　学前教育教师整体学历水平逐年上移，东部发达地区尤为明显。教育部更新至 2022 年的教育统计数据显示，2022 年全国学前教育专任教师中，学历为本科及以上的占了 1/3，相比 2018 年（23%）上升了 10 个百分点（见图 12-6）；其中，东部地区学前教育专任教师拥有本科及以上学历的比例（2022 年为 39%）明显高于非东部地区（2022 年为 28%）。进一步从各省份来看，2022 年学前教育专任教师拥有本科及以上学历者占比最高的前 5 个省份均来自东部地区，其中上海最为突出，超过八成（85%）（见图 12-7）。教师整体学历水平的上移在一定程度上对高职毕业生的从教选择空间形成了挤压，这在东部发达地区体现得尤为明显。

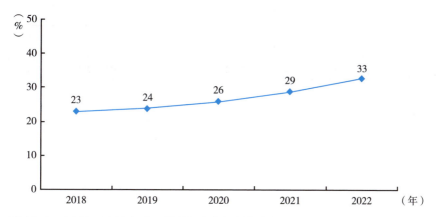

图 12-6　2018~2022 年全国学前教育专任教师中本科及以上学历的占比变化趋势

资料来源：中华人民共和国教育部。

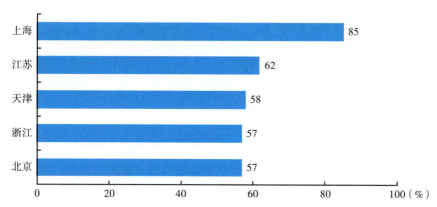

图 12-7　2022 年学前教育专任教师拥有本科及以上学历占比最高的前 5 个省份

资料来源：中华人民共和国教育部。

东部地区学前教育教师岗位竞争更加激烈。 在东部地区就业的高职学前教育专业毕业生中，在学前教育领域从教的比例从 2019 届的 69.5% 下降至 2023 届的 56.9%，下降了 12.6 个百分点，下降幅度明显大于在非东部地区就业的学前教育专业毕业生（见图 12-8）。这或许跟东部地区（特别是东部发达地区）学前教育教师岗位竞争更加激烈、本科及以上学历竞争者更多有关。这类地区可进一步优化不同学历层次学前教育人才培养的规模，同时相关院校和专业也需适当兼顾学生后续提升学历的需求，完善专本衔接工作。

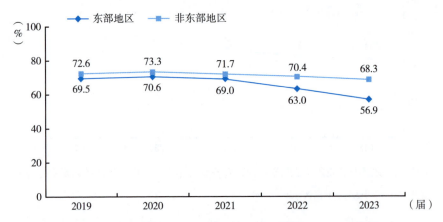

图 12-8　学前教育专业在不同区域就业毕业生的从教比例变化趋势

资料来源：麦可思－中国 2019~2023 届大学毕业生培养质量跟踪评价。

三　提升质量：注重提升教师实践能力

为更好地满足学前教育事业的发展，高职学前教育专业的培养环节需进一步完善，以更好地促进毕业生后续从教适应性和匹配度的提升。另外，值得关注的是，开设学前教育专业的高职院校较多，其中非师范院校占了八成以上[①]。不同类型院校培养环节的完善需各有侧重。

学前教育专业毕业生对培养过程整体评价较高，实践环节仍需得到关注。从学前教育专业在相关领域从教的毕业生对培养过程的反馈来看，教学与课

---

① 全国职业院校专业设置管理与公共信息服务平台公布的专业设置备案和审批结果显示，2024 年全国共有 660 所学校开设学前教育专业（未区分不同的修业年限），其中非师范院校占了 82%。

程的整体效果较好，毕业生评价较高（见表 12-3）。当然在实践环节，毕业生的改进需求程度仍较高，反馈教学过程中实习和实践环节不够以及课程内容实践性不足的比例均超过 50%，且非师范院校更为突出。此外，非师范院校需更加重视对学生学习兴趣与课堂参与积极性的调动，并注重课程内容的及时更新与学生基础知识技能的进一步强化（见表 12-4）。

表 12-3　学前教育专业从教毕业生对培养过程的评价

单位：%

主要培养过程指标	师范院校	非师范院校
教学满意度	98	97
核心课程重要度	96	97
核心课程满足度	95	94

资料来源：麦可思－中国 2023 届大学毕业生培养质量跟踪评价。

表 12-4　学前教育专业从教毕业生对教学及专业课程内容的改进需求

单位：%

认为教学需要改进的方面	师范院校	非师范院校	认为专业课程内容需要改进的方面	师范院校	非师范院校
实习和实践环节不够	53	57	课程内容的实践性不足	56	59
无法调动学生学习兴趣	28	32	课程配套学习资源不够丰富	36	36
课堂上让学生参与不够	24	28	基础知识和技能方面课程内容不足	26	30
多媒体、网络教学效果不好	22	22	学科课程与教育理论课程融合不足	25	26
课程内容不实用或陈旧	20	24	课程内容不能根据学科前沿发展动态更新	24	29
课程考核方式不合理	17	19	课程内容中社会主义核心价值观、师德教育融入不足	20	23

资料来源：麦可思－中国 2023 届大学毕业生培养质量跟踪评价。

重点强化学生教学能力的培养。 进一步从毕业生对实践教学的反馈来看，教学能力是其普遍认为需要加强培养的方面，在非师范院校中，毕业生对这方面能力培养的改进诉求更为强烈。此外，非师范院校毕业生对理解幼儿各方面能力培养的改进诉求相比师范院校也较为突出（见表12-5）。实践教学不仅是职前教师培养的核心环节，也是确保学生达到幼儿园教师专业标准基本要求的关键，后续培养过程中需更好地强化实践教学对学生能力提升的支撑作用。

表 12-5 学前教育专业从教毕业生认为实践教学需要加强培养的方面

单位：%

认为本专业实践教学需要加强培养的方面	师范院校	非师范院校
教学能力	61	65
组织管理能力	60	61
理解幼儿能力	53	57
实验能力	48	52
研究能力	47	49
育人能力	44	49

资料来源：麦可思-中国2023届大学毕业生培养质量跟踪评价。

通过开发以岗位任务为载体的综合课程强化对人才培养的支撑。综合来看，学前教育专业的人才培养需注重将学前教育教师的岗位任务与日常教学相结合，金华职业技术学院学前教育专业"岗课一体"的模式可以借鉴。该校学前教育专业开发了以岗位任务为载体的综合课程，其中案例综合课程以案例先导、知识运用为主线，化抽象为具象，对教育理论课程进行课程内"小综合"；情境综合课程以情境引领、技能运用为主线，由单项走向复合，对教育技能课程进行课程间"中综合"；项目综合课程以项目主导、岗位应用为主线，从分科到融合，对教育活动课程进行跨领域"大综合"。

四 启示：学前教育人才培养需将规模优化与质量提升并重

学前教育寄托了人民群众幼有所育的美好期盼。学前教育相关专业的人才培养需积极适应和应对人口变化的趋势，基于本地学前教育适龄人口的变化趋势，并兼顾城乡以及不同区域之间学前教育资源配置的差异，合理优化培养规模，努力为实现不同地区学前教育的均衡发展提供助力。与此同时，也需注重内涵发展和人才培养质量的提升，不断完善课程内容与授课环节，注重将专业理论知识与学前教育教师的岗位任务相结合，以更好地促进学生岗位所需教育教学实践能力的提升。在这一过程中，不同地区、不同类型院校需根据自身实际情况各有侧重，充分挖掘和利用各自办学特色与资源优化，探索形成差异化的人才培养模式，最终共同为进一步推进学前教育普及普惠安全优质发展提供支撑。

参考文献：

张守礼、冉甜：《学前教育发展方向与生态变革》，熊丙奇主编《2021 年中国教育观察》，社会科学文献出版社，2021。

闵慧祖、王海英、杨田：《低生育率背景下学前教育高质量发展：机遇、挑战与应对》，《教育发展研究》2023 年第 12 期。

附 录
技术报告

一　数据介绍

（一）评价覆盖面

2024 年度麦可思 - 全国大学毕业生跟踪评价分类如下。

1. 2023 届高职毕业生毕业半年后培养质量的跟踪评价，于 2024 年 3 月初完成，全国高职生样本为 14.4 万。覆盖了 587 个高职专业，覆盖了东、中、西部和东北地区，覆盖了高职毕业生从事的 531 个职业、322 个行业。

2. 麦可思曾对 2020 届大学毕业生进行过毕业半年后培养质量的跟踪评价（2021 年初完成，全国高职生样本约 14.4 万）[1]，2023 年底对此全国样本进行了三年后的再次跟踪评价，全国高职生样本约 3.1 万。覆盖了 531 个高职专业，覆盖了东、中、西部和东北地区，覆盖了高职毕业生从事的 562 个职业、319 个行业。

（二）评价对象

毕业半年后（2023 届）、三年后（2020 届）的高职毕业生：包括"双高"院校、非"双高"院校的毕业生。

---

[1]　麦可思研究院主编《2021 年中国高职生就业报告》，社会科学文献出版社，2021。

（三）评价方式

分别向毕业半年后的 2023 届大学毕业生、毕业三年后的 2020 届大学毕业生以电子邮件的方式发放答题邀请函、问卷客户端链接，三类评价的问卷不同。答卷人回答问卷，答题时间为 10 ～ 30 分钟。

二 研究概况

（一）研究目的

1. 了解高职毕业生的就业状态及就业质量，发现满足社会需求方面存在的问题；

2. 了解高职毕业生的升学、灵活就业以及未就业的状况；

3. 了解高职毕业生的职业发展、能力和素养达成情况；

4. 了解高职毕业生对母校的满意程度以及对教育教学过程的反馈。

（二）研究样本

本研究需提醒读者注意以下几点。

1. 答题通过电子问卷客户端实现，未被邀请的答题被视为无效。

2. 本研究对答题和未答题的样本进行了检验，没有发现存在自我选择性样本偏差问题（Self-selection Bias）[①]。

3. 对于样本中与实际比例的明显差异可能带来的统计误差，本研究采用权数加以修正（即对回收的全国总样本，基于学历、地区、院校类型、专业的实际分布比例进行再抽样）。再抽样后的样本分布与实际分布见表 1 至表 5，大学毕业生的实际分布比例来自中华人民共和国国家统计局网站。

---

① 自我选择性样本偏差问题：是指调查中存在某类群体选择答题的概率和其他群体有明显不同。例如，就业的毕业生可能更容易选择参与答题，而没有就业的学生可能不愿意参加答题等。

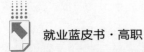

表1 2023届各区域高职毕业生样本人数分布与实际人数分布对比		
		单位：%
各区域	2023届高职毕业生样本人数比例	2023届高职毕业生实际人数比例
东部地区	36.6	36.8
中部地区	28.8	28.9
西部地区	28.2	27.7
东北地区	6.4	6.6

资料来源：麦可思－中国2023届大学毕业生培养质量跟踪评价；中华人民共和国国家统计局。

表2 2023届各省份高职毕业生样本人数分布与实际人数分布对比		
		单位：%
省份	2023届高职毕业生样本人数比例	2023届高职毕业生实际人数比例
北京	<1.0	0.4
天津	1.7	1.4
河北	4.7	4.7
山西	2.2	2.2
内蒙古	1.5	1.5
辽宁	4.4	3.4
吉林	2.0	1.3
黑龙江	<1.0	1.9
上海	1.0	0.9
江苏	5.9	5.9
浙江	3.3	3.3
安徽	4.7	4.7
福建	2.7	2.7
江西	4.2	4.4
山东	6.6	7.3
河南	8.5	8.6
湖北	4.5	4.5
湖南	4.6	4.5
广东	10.0	9.5
广西	3.9	3.9

省份	2023届高职毕业生样本人数比例	2023届高职毕业生实际人数比例
海南	<1.0	0.7
重庆	3.1	3.0
四川	5.4	5.2
贵州	2.8	2.7
云南	3.5	3.5
西藏	<1.0	0.1
陕西	3.6	3.5
甘肃	2.0	1.9
青海	<1.0	0.2
宁夏	<1.0	0.4
新疆	1.9	1.8

注：表中样本人数比例小于1.0%的数值均用"<1.0"表示，下同。

资料来源：麦可思－中国2023届大学毕业生培养质量跟踪评价；中华人民共和国国家统计局。

表3　2023届各专业大类高职毕业生样本人数分布与实际人数分布对比

单位：%

高职专业大类	2023届高职毕业生样本人数比例	2023届高职毕业生实际人数比例
财经商贸大类	17.9	17.5
电子信息大类	14.8	14.5
教育与体育大类	11.8	11.6
医药卫生大类	11.2	13.7
装备制造大类	10.1	9.9
土木建筑大类	8.0	7.9
交通运输大类	5.9	6.7
文化艺术大类	4.9	4.8

续表

高职专业大类	2023届高职毕业生样本人数比例	2023届高职毕业生实际人数比例
旅游大类	2.8	2.7
农林牧渔大类	2.3	2.0
食品药品与粮食大类	2.1	1.5
公共管理与服务大类	1.8	1.5
资源环境与安全大类	1.4	1.4
能源动力与材料大类	1.1	0.9
公安与司法大类	1.1	1.0
生物与化工大类	1.0	0.8
新闻传播大类	<1.0	0.8
水利大类	<1.0	0.4
轻工纺织大类	<1.0	0.4

资料来源：麦可思－中国 2023 届大学毕业生培养质量跟踪评价；中华人民共和国国家统计局。

表4 2020届各区域高职生毕业三年后样本人数分布与实际人数分布对比		
单位：%		
各区域	2020届高职生毕业三年后样本人数比例	2020届高职毕业生实际人数比例
东部地区	37.2	37.2
中部地区	30.3	30.1
西部地区	26.9	27.2
东北地区	5.6	5.5

资料来源：麦可思－中国 2020 届大学毕业生三年后职业发展跟踪评价；中华人民共和国国家统计局。

表 5　2020 届各专业大类高职生毕业三年后样本人数分布与实际人数分布对比

单位：%

高职专业大类	2020 届高职生毕业三年后样本人数比例	2020 届高职毕业生实际人数比例
财经商贸大类	19.8	19.3
电子信息大类	13.4	12.5
装备制造大类	12.6	11.3
教育与体育大类	10.0	11.9
医药卫生大类	9.5	13.4
土木建筑大类	7.9	7.4
交通运输大类	7.1	6.5
文化艺术大类	5.2	4.6
旅游大类	2.9	3.1
农林牧渔大类	2.4	1.7
食品药品与粮食大类	1.7	1.6
公安与司法大类	1.4	1.2
资源环境与安全大类	1.1	1.1
公共管理与服务大类	1.1	0.9
能源动力与材料大类	1.1	1.0
生物与化工大类	<1.0	0.8
新闻传播大类	<1.0	0.8
轻工纺织大类	<1.0	0.5
水利大类	<1.0	0.4

资料来源：麦可思－中国 2020 届大学毕业生三年后职业发展跟踪评价；中华人民共和国国家统计局。

致　谢

　　《2024 年中国高职生就业报告》是麦可思第 16 部"就业蓝皮书",报告进一步对内容、结构、体例做出完善。以数据和图表来呈现分析结果,读者可以从自己的专业角度对某一数据或图表背后的因果关系进行深度解读。

　　特别感谢帮助完善本年度报告的高等教育管理者和研究者,在此不一一具名。报告中所有的错误由作者唯一负责。感谢读者阅读本报告。限于篇幅,报告仅提供部分数据,如需了解更详细的内容,请联系作者(research@mycos.com)。

Abstract

Chinese 3-Year Vocational College Graduates' Employment Annual Report comprehensively analyzes the employment situation of the 2023 vocational college graduates, revealing the trend of diversified and flexible employment choices for graduates under the pressure of the total job market. Based on the tracking and evaluation of fresh graduates and mid-term graduates, the report deeply explores multiple dimensions such as the post -graduation outcomes, employment structure, employment quality, career development, college degree upgrade, flexible employment, student quality and ability attainment, and satisfaction with college of vocational college graduates.

Firstly, the report shows that in the face of a new high in the number of graduates and a slowdown in macroeconomic growth, the employment choices of the 2023 vocational college graduates tend to be flexible and diversified. The proportion of flexible employment has increased to 9.2%, especially the proportion of new forms of employment and entrepreneurship based on internet platforms has significantly increased. The employment focus of graduates has further sank to prefecture-level cities and below, accounting for nearly 70%, especially in the fields of primary health care and rural governance. The proportion of graduates who choose to upgrade from college to university tends to be stable, with 20.7% of graduates choosing further education. The proportion of graduates in education and sports, finance and commerce, and electronic information majors who choose to upgrade from college to

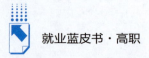

university is relatively high.

Secondly, the report deeply analyzes the employment quality and Career Development status of vocational college graduates. The monthly income level of the 2023 vocational college graduates shows a stable and upward trend, with an average monthly income of 4683 yuan, exceeding the monthly disposable income of urban residents. The manufacturing industry chain cluster, especially in the equipment manufacturing, chemical and energy fields, shows salary advantages. Graduates majoring in railway transportation, electronic information and computer have the highest monthly income in the mid-term workplace, while the initial monthly income of aviation machinery/electronics occupations is the highest. Private enterprises provide graduates with great potential for salary growth, with a salary increase of nearly 70% within three years.

Additionally, the report focuses on two main subjects: industry-specific vocational colleges in the field of engineering technology and vocational preschool education programs. It conducts an in-depth analysis of the alignment between their talent cultivation and the development needs of key industries and important social and public sectors. Among the characteristic colleges in the engineering and technology industry, transportation, architecture, and railway colleges need to pay more attention to adjusting and optimizing their professional structures to adapt to changes in industry demand. Colleges specializing in electronic information, electromechanical engineering, and transportation need to better adapt their training processes to the new requirements of industry development. In particular, the computer and electronic information programs they offer have curricula that still do not align with industry development requirements, and there is a need for targeted improvements in teacher instruction, textbook design, and industry-education integration.

Finally, the report points out that with the continuous decline in the birth rate, the preschool education field is facing the challenge of oversupply of teachers. Among the full-time preschool education teachers, 58% have a junior college degree. However, in recent years, the proportion of vocational graduates majoring in preschool education who are employed in this field has decreased by 10.2 percentage points. Additionally, there are significant differences in the demand for preschool education between urban and rural areas and different regions The ratio of preschool education students to teachers in rural areas is relatively high, so resource allocation needs to be further balanced. The cultivation of preschool education talents needs to better optimize the scale and improve the quality, continuously improve the course content and teaching processes, pay attention to combining professional theoretical knowledge with the core job tasks of preschool education teachers, and better promote the improvement of the practical teaching ability required for student positions.

Keywords: Vocational College Graduates, Employment Trends, Flexible Employment, Industry Colleges, Preschool Education

Contents

I General Report

B.1 Development Trends and Effectiveness of Vocational College Graduates'

Employment   / 001

Abstract: Faced with the overall pressure of the job market, the employment trend of 2023 vocational college graduates present diversification and flexibility. The proportion of flexible employment has increased to 9.2%, especially with a significant rise in new forms of employment and entrepreneurship based on internet platforms. Graduates are more inclined to work in prefecture-level cities and below, accounting for nearly 70%, especially in the fields of primary health care and rural governance sectors. With the optimization and upgrading of the equipment manufacturing industry chain, the demand for innovative digital skilled talents has risen, and the absorption capacity of small and medium-sized private enterprises for graduates has been enhanced, with the employment ratio has increased by 4 percentage points within five years. Industry-specific colleges and universities need to strengthen the industry-education integration to improve the alignment between of talent cultivation and the needs of emerging industries, especially in the field of electronic information. At the same time, the preschool education field is facing an oversupply of teacher due to the decrease in birth rate, necessitating the optimization of training scale and the enhancement of practical skills training.

Keywords: Fresh Vocational College Graduates, Flexible Employment, Employment Decentralization, Small and Micro Private Enterprises, Talent Supply and Demand Matching

II   Sub Reports

B.2   Analysis of Vocational College Graduates' Post-Graduation Destinations

/ 008

Abstract: Under the dual pressure of a record high in the number of graduates and a slowdown in macroeconomic growth, the employment concept of vocational college graduates in 2023 tends to be flexible and diversified. The proportion of freelancers and self-employed individuals is increasing, and the proportion of vocational college graduates upgrading to undergraduate programs is stabilizing. Overall, the implementation rate of vocational college graduates' graduation destinations (88.9%) has increased compared to the previous year. In terms of majors, the implementation rates of graduates in the fields of biology and chemical engineering, energy power and materials, and equipment manufacturing rank among the top three, at 91.3%, 91.2%, and 90.7%, respectively. There are differences between different regions: The graduation destination implementation rate of graduates in the eastern and central regions is higher, at 90.3% and 89.3% respectively. The overall economic development level in the eastern region is higher, with industrial agglomeration and active private economy. With the construction of a modern industrial system and the promotion of rural revitalization, the central and western regions have provided more support for graduates' employment.

Keywords: Employment Concepts, Flexible Employment, Implementation Rate of Post-Graduation Destinations, Regional Differences, Vocational College Students

B.3   Analysis of the Employment Structure of Vocational College Graduates

/ 025

Abstract: With the in-depth implementation of the rural revitalization strategy, more vocational college graduates are moving into the fields of primary medical care and rural grassroots governance for employment. The proportion of vocational college graduates employed in prefecture-level and below cities in 2023 has approached 70%. The eastern region, with its industrial agglomeration and high salary level, has attracted more than half of the graduates for employment, accounting for as high as 50.4%. At the same time, the demand in the construction industry is weak, while the demand for innovative digital skilled talents in the equipment manufacturing industry and its upstream fields is steadily increasing, especially in related occupations such as industrial robots and intelligent manufacturing. In addition, private enterprises and small and medium-sized enterprises are the main force in absorbing graduates for employment. Among them, 71% of graduates are employed in private enterprises, and the employment rate of small and medium-sized enterprises reaches 66%. Professional warning analysis reveals that majors such as new energy vehicle technology and intelligent control technology have become green card majors due to market demand growth, while majors such as legal affairs and primary education have been listed as red card majors due to supply and demand imbalances.

Keywords: Employment Decentralization, Rural Revitalization, Digital Skills, Small and Medium-Sized Enterprises, Vocational College Graduates

B.4   Analysis of the Income of Vocational College Graduates   / 042

Abstract: The monthly income level of the 2023 vocational college graduates shows a stable and upward trend, with an average monthly income of 4683 yuan, exceeding the monthly disposable income of urban residents. The manufacturing industry chain cluster, especially in the fields of equipment manufacturing, chemical industry, and energy, shows salary advantages. The salary level in the Yangtze River Delta region, where the industry chain is highly concentrated, is leading. Graduates majoring in railway transportation, electronic information, and computer field have the highest mid-career monthly income, while the initial monthly income of aviation machinery/electronics occupations is the highest. Private enterprises provide graduates with great potential for salary growth, with a salary increase of nearly 70% within three years. Graduates should consider salary, career development potential, and personal career planning comprehensively when choosing employment. Policy makers need to pay attention to regional and urban-rural development differences to promote balanced economic development.

Keywords: The Returns to Education, Salary Growth, Industrial Chain Clusters, Regional Economic, Vocational College Graduates

B.5   Analysis of the Employment Satisfaction of Vocational
College Graduates   / 071

Abstract: The employment satisfaction rate of the 2023 vocational college graduates has increased to 78%, which is on par with the employment satisfaction rate of undergraduate students. This upward trend reflects the effectiveness of employment guidance and policy support. Data shows that the employment satisfaction rate of stable job fields in the public sector, agriculture-related, New Media and entertainment, and high-end equipment manufacturing industries is relatively high, while the satisfaction rate of traditional industries and service industries is relatively low. Geographically, the employment satisfaction rate in the eastern region remains the highest, followed closely by the northeast region, and the gap between the

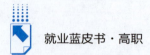
two continues to narrow. It is worth noting that the employment satisfaction rate of vocational college graduates in new first-tier cities has rapidly increased, catching up with first-tier cities, which is closely related to the industrial development and talent attraction policies of new first-tier cities. Salary level remains the most important factor in the job search process for graduates, but the stability of the working environment, work-life balance, and other aspects are also important factors affecting the employment satisfaction.

Keywords: Employment Satisfaction, Employment Guidance, Employment Quality, Career Expectations, Vocational College Graduates

B.6 Analysis of the Career Development of Vocational College Graduates / 087

Abstract: The 2023 vocational college graduates are facing the dual impact of market pressure and personal career expectations in terms of career development. The proportion of job choices related to their major has slightly fluctuated, dropping to 61%. Nevertheless, the Attrition Rate remained stable within six months after graduation, but the proportion of those who resigned due to salary, benefits, and work pressure has increased. Three years later, graduates from "double high" colleges have a slight advantage in promotion, with a promotion rate of 58%, which is 4 percentage points higher than that of graduates from non- "double high" colleges. Graduates in the medical and health category have consistently maintained the highest degree of job relevance to their major, while graduates in the electronic information category have a lower degree of job relevance. The main reason for graduates leaving is the pursuit of higher salary, benefits and personal development opportunities, of which 46% leave due to low salary.

Keywords: Career Development, Relevant Employment, Job Promotion, Employment Stability, Vocational College Graduates

B.7   Analysis of Vocational College Graduates Advancing to University

/ 106

Abstract: The trend of 2023 vocational college graduates upgrading from vocational college to university is stable. Among those graduates, 20.7% of graduates choose to pursue further education, particularly in the field of education and sports, finance and commerce, and electronic information, where the proportion of graduates pursuing this path exceeds 23%. The main reasons for graduates choosing to upgrade from college to university are to obtain better university education and improve employment prospects, with 32% and 25% of graduates making their choices based on these reasons. Although the impact of academic upgrading on economic returns is not significant in the short term, three years graduation, the monthly income of those who have not is basically the same. However, academic upgrading significantly improves the sense of happiness in employment, and the employment satisfaction of those who have improved their education is 4 percentage points higher than that of those who have not improved.

Keywords: Specialty to Undergraduate, Academic Qualification Enhancement, Employment Satisfaction, Career Development, Vocational College Graduates

B.8   Analysis of Flexible Employment among Vocational College Graduates

/ 112

Abstract: Among the 2023 vocational college graduates, the proportion of those who choose flexible employment has risen to 9.2%, reflecting the change of graduates' employment concepts and the diversification of the job market. Flexible employment includes part-time work, freelance work, and self-employment. Among them, the monthly income and job satisfaction of graduates who start their own businesses are

4989 yuan and 85%, respectively, both higher than the average level of vocational colleges. However, the proportion of graduates who choose flexible employment in the education field has decreased, while the cultural and entertainment industries and retail industries have become new popular choices. Although the proportion of graduates who start their own businesses has increased over time, the success rate of entrepreneurship is not high, and most entrepreneurs quit within three years. The main challenges include a shortage of funds and lack of management experience. Therefore, colleges and policymakers need to provide more support, including hands-on teaching, entrepreneurship guidance and financial assistance.

Keywords: Flexible Employment, New Forms, Digital Technology, Vocational College Graduates

B.9   Analysis of the Capabilities of Vocational College Graduates

/ 119

Abstract: The 2023 vocational college graduates showed steady improvement in basic work abilities, with the satisfaction rate of abilities increasing from 85% in 2019 to 89%, reflecting the effectiveness of higher vocational education in cultivating technical and skilled talents. Graduates have higher evaluations of abilities such as understanding and communication, logical thinking, and management, but the satisfaction rate for computer programming abilities is relatively low, indicating that the cultivation of digital skills needs to be further strengthened. The improvement of graduates' literacy is outstanding in terms of ideals and beliefs, compliance with laws and regulations, honesty and trustworthiness, etc., but the improvement effect of digital literacy and craftsmanship spirit is weak, which requires more attention from colleges in curriculum design and practical teaching. In addition, the satisfaction rate of lifelong learning ability is lower than other abilities, and schools should strengthen the cultivation of learning methods and self-management ability to promote students' self-learning ability.

Keywords: Digital Skills, Literacy Enhancement, Lifelong Learning, Vocational College Graduates

B.10   Analysis of Vocational College Graduates' Satisfaction with Their College

/ 140

Abstract: The satisfaction rate of 2023 vocational college graduates towards their alma mater continues to increase, reaching 93%, reflecting the effectiveness of the school's educational services and quality. Graduates' satisfaction with teaching has risen to 93%, especially among "double high" colleges, reaching 95%, indicating the effectiveness of teaching reform. However, graduates believe that the practicality and timeliness of course content need to be further improved, especially in the cultivation of digital skills such as computer programming. The satisfaction rate of core courses has increased from 81% in the 2019 class to 90%, and the frequency of teacher-student communication is slightly higher in "double high" colleges compared to non- "double high" colleges. The satisfaction rate of employment guidance services has increased to 91%, with job skills counseling receiving the highest evaluation. The satisfaction of campus facilities continues to improve, supporting students' growth and success.

Keywords: Graduate Satisfaction, Career Guidance, Vocational College Graduates

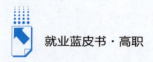 就业蓝皮书·高职

III   Special Reports

B.11   Analysis of the Industry Adaptability of Vocational Colleges with Industry Characteristics   / 154

Abstract: This chapter focuses on the engineering public industry characteristic higher vocational colleges and explores the industry adaptability of colleges in terms of professional settings, industry contribution and training quality. The study found that the professional settings of these colleges have obvious industry characteristics, and the industry-related proportion exceeds 50%. The industry matching degree of railway and electric power and water conservancy colleges is relatively high, and the proportion of graduates employed in related industries exceeds 60%. It is necessary to continuously pay attention to changes in industry demand. The contribution of electronic information colleges to the information industry is relatively low, but their cross-domain adaptability is strong. Mechanical and electrical colleges perform well in the development of professional clusters and industry adaptability. In terms of training quality, for emerging industries, especially electronic information majors, the training quality of industry colleges needs to be strengthened to solve the problem of mismatch between professional training and job requirements. Improving the proportion of "double-qualified" teachers and school-enterprise cooperation textbooks is key. Vocational colleges should ensure close connection between talent training and industry standards through professional adjustment, teaching optimization, integration of production and education, and establishment of teaching evaluation mechanisms.

Keywords: Industry Colleges, Professional Settings, Industry Contribution, Training Quality, Vocational College Students

Contents

B.12   Analysis of Preschool Education Supply and Talent Cultivation
        Against the Background of Declining Student Numbers   / 165

Abstract: With the continuous decline of the birth rate, the field of preschool education is facing the challenge of oversupply of teachers. Of course, there are still significant differences in the allocation of preschool education resources between urban and rural areas and regions. Preschool education resources are more concentrated in urban and eastern regions, while rural and central-western regions still face the problem of teacher shortage. According to statistics, 58% of full-time preschool education teachers have a college degree, and in recent years, the proportion of vocational graduates majoring in preschool education who teach in this field has decreased by 10.2 percentage points. The upward shift in the educational level of teachers in developed eastern regions has also squeezed vocational students, leading to fierce competition for preschool education positions in the eastern region. In response to these changes, vocational colleges need to optimize the training scale of preschool education majors and pay attention to improving students' educational and teaching practical abilities.

Keywords: Preschool Education, Supply and Demand Matching, Degree Transfer, Professional Training, Vocational College Students

Appendix

Technical Report   / 176

Acknowledgements   / 182

皮 书

智库成果出版与传播平台

❖ 皮书定义 ❖

皮书是对中国与世界发展状况和热点问题进行年度监测，以专业的角度、专家的视野和实证研究方法，针对某一领域或区域现状与发展态势展开分析和预测，具备前沿性、原创性、实证性、连续性、时效性等特点的公开出版物，由一系列权威研究报告组成。

❖ 皮书作者 ❖

皮书系列报告作者以国内外一流研究机构、知名高校等重点智库的研究人员为主，多为相关领域一流专家学者，他们的观点代表了当下学界对中国与世界的现实和未来最高水平的解读与分析。

❖ 皮书荣誉 ❖

皮书作为中国社会科学院基础理论研究与应用对策研究融合发展的代表性成果，不仅是哲学社会科学工作者服务中国特色社会主义现代化建设的重要成果，更是助力中国特色新型智库建设、构建中国特色哲学社会科学"三大体系"的重要平台。皮书系列先后被列入"十二五""十三五""十四五"时期国家重点出版物出版专项规划项目；自2013年起，重点皮书被列入中国社会科学院国家哲学社会科学创新工程项目。

皮书网

（网址：www.pishu.cn）

发布皮书研创资讯，传播皮书精彩内容
引领皮书出版潮流，打造皮书服务平台

栏目设置

◆ **关于皮书**

何谓皮书、皮书分类、皮书大事记、
皮书荣誉、皮书出版第一人、皮书编辑部

◆ **最新资讯**

通知公告、新闻动态、媒体聚焦、
网站专题、视频直播、下载专区

◆ **皮书研创**

皮书规范、皮书出版、
皮书研究、研创团队

◆ **皮书评奖评价**

指标体系、皮书评价、皮书评奖

所获荣誉

◆ 2008 年、2011 年、2014 年，皮书网均
在全国新闻出版业网站荣誉评选中获得
"最具商业价值网站"称号；
◆ 2012 年，获得"出版业网站百强"称号。

网库合一

2014年，皮书网与皮书数据库端口合
一，实现资源共享，搭建智库成果融合创
新平台。

皮书网

"皮书说"
微信公众号

S 基本子库
UB DATABASE

中国社会发展数据库（下设 12 个专题子库）

紧扣人口、政治、外交、法律、教育、医疗卫生、资源环境等 12 个社会发展领域的前沿和热点，全面整合专业著作、智库报告、学术资讯、调研数据等类型资源，帮助用户追踪中国社会发展动态、研究社会发展战略与政策、了解社会热点问题、分析社会发展趋势。

中国经济发展数据库（下设 12 专题子库）

内容涵盖宏观经济、产业经济、工业经济、农业经济、财政金融、房地产经济、城市经济、商业贸易等 12 个重点经济领域，为把握经济运行态势、洞察经济发展规律、研判经济发展趋势、进行经济调控决策提供参考和依据。

中国行业发展数据库（下设 17 个专题子库）

以中国国民经济行业分类为依据，覆盖金融业、旅游业、交通运输业、能源矿产业、制造业等 100 多个行业，跟踪分析国民经济相关行业市场运行状况和政策导向，汇集行业发展前沿资讯，为投资、从业及各种经济决策提供理论支撑和实践指导。

中国区域发展数据库（下设 4 个专题子库）

对中国特定区域内的经济、社会、文化等领域现状与发展情况进行深度分析和预测，涉及省级行政区、城市群、城市、农村等不同维度，研究层级至县及县以下行政区，为学者研究地方经济社会宏观态势、经验模式、发展案例提供支撑，为地方政府决策提供参考。

中国文化传媒数据库（下设 18 个专题子库）

内容覆盖文化产业、新闻传播、电影娱乐、文学艺术、群众文化、图书情报等 18 个重点研究领域，聚焦文化传媒领域发展前沿、热点话题、行业实践，服务用户的教学科研、文化投资、企业规划等需要。

世界经济与国际关系数据库（下设 6 个专题子库）

整合世界经济、国际政治、世界文化与科技、全球性问题、国际组织与国际法、区域研究 6 大领域研究成果，对世界经济形势、国际形势进行连续性深度分析，对年度热点问题进行专题解读，为研判全球发展趋势提供事实和数据支持。

法律声明